日本與韓國僑教

興華僑教系列叢書

編　著　徐榮崇、金恩美

策劃主編　財團法人興華文化交流發展基金會

世界華語文教育學會

百年僑教的回顧與前瞻——出版僑教叢書　序言

華文教育是華人移民過程中建立起來的一個特殊的族裔語言文化教育體系，華文教育的發展過程也是華人社會一個具有廣泛文化意義的歷史進程。因此，研究華文教育是深入認識華人歷史文化的重要途徑。

華人在海外辦學的歷史很早，最早有文獻記載的是清康熙二十九年（一六九〇年）印尼巴城（巴達維亞，今之雅加達）的明誠書院，距今已有三百多年的歷史，但它與國內的私塾無異。

真正具有特殊歷史意義的華文教育體系，是在十九世紀末和二十世紀初華僑社會已融入西方教育理念，在一些規模較大的華埠建立了新式學堂，開啟了華文教育的新時代。這些學堂和私塾有明顯的不同，除了傳統的儒學，加入了大量的地理、物理、生物等科學新知，甚至有英語課程。可以日本橫濱的大同學校（一八九八年）、印尼中華會館學堂（一九〇一年）、馬來西亞檳城的中華學堂（一九〇四年）為代表。我們一般稱的華僑學校，都是現代華文教育的產物。一九〇五年清廷廢科舉、興學堂、派留學生，一連串的教育改革，已然落後華僑學校的發展。

清王朝的最後十年（一九〇一年－一九一一年）是現代華僑學校發展的第一波熱潮。東南亞的馬來亞有十餘所，而荷屬東印度各地中華學堂則發展到六十五所；北美的三藩市（大埠）、沙加緬度（二埠）、紐約、芝加哥、波特蘭、西雅圖及加拿大的溫哥華、維多利亞等地先後興建了大清僑民學堂；菲律賓、日本、朝鮮、安南、暹羅、緬甸等國也出現了一批以「中華」冠名的新式學堂。這些華僑學堂大都是在各地華僑會館（或單一族群僑團）的主持下創辦的，是一種有組織的自覺興學。學堂在民國成立後，大都改稱為學校，教學內容上，雖然也注重傳統倫理道德和尊孔思想，但更注重培養子弟適應社會生活所需的各種技能。各地中華學校開設的課程有國文、經濟、歷史、地理、修身、體操等科目，遠遠超出了傳統學塾的教學範圍。

辛亥革命後的十五年（一九一二年－一九二七年），雖然國內政治不安，但華僑社會仍充滿了迎接新時代的熱忱，展開第二波興學的熱潮。華僑學校逐漸普及於僑胞聚集的各個地區，包括城市和鄉村。北京的北洋政府也協助僑社興學，這段時期部分地區僑社組成了僑教組織，有系統的籌募經費、改善僑校的基礎設施，協調共同的課程等，是華文教育系統化發展時期。

民國十六年南京國民政府成立後到日本發動太平洋戰爭期間（一九二七年－一九四〇年），是第三波興學的熱潮，也是華僑學校僑教化的重要時期。這段時間，僑社普設華僑小學，更重要的是華僑中學日漸增多，僑教組織更加制度化。南京國民政府非常重視僑務，加強對華僑教育的管理。民國十七年（一九二八年）六月在大學院特設「華僑教育委員會」專門管理華僑教育事宜，制定《華僑學校立案條例》、《華僑小學暫行條例》、《華僑補習學校暫行條例》、《駐外華僑勸學員章程》、《華僑視學員章程》等法令，進一步規範了華僑教育的管理。次年（一九二九年）十一月，國民黨中央訓練部在國立暨南大學組織召開了第一次南洋華僑教育會議，通過了《華僑教育會議宣言》和二十五項決議案，各地僑校的管理者在會議中交流了華僑教育經驗，針對華僑教育發展中存在的問題和改進意見。教育部成立了「華僑教育設計委員會」，作為辦理華僑教育的諮詢機構，負責擬定改進華僑教育方案、調查華僑教育情況、計畫華僑教育經費及其它有關事項。民國二十年（一九三一年）秋，僑務委員會成立，下設僑民教育處，主管華僑教育的調查、立案、監督、指導等工作。在教育部和僑務委員會的聯合指導，以及各地僑教組織配合的共同努力下，華僑教育日趨完善，成為獨步全球的「僑民教育體系」。

華僑教育在母國政府的輔導下發展成僑民教育體系，有幾個重要規範：一、華僑學校使用國內統一的教材；二、課程標準化；三、國語教學的普及；四、校長從母國派任。從文化意義上而言，強化了海外華人的「華人性」（Chineseness），具體而言是：促成了各地華僑社會的橫向聯繫與一體化，提升了華人認同祖國的民族主義。伴隨著日本侵華日亟，也為動員華僑抗日打下了基礎。但也引發了一些負面效應，使得僑居地政府的警惕和不安，除了頒佈各種法令限制華僑學校教學以外，或開設學校，吸引華僑子弟入學；或以津貼華僑學校控制辦學方向，同化、分化雙管齊下。也為戰後居住國獨立後全面限制華教的政策埋下了伏筆。

日本發動太平洋戰爭後，東南亞的華僑學校一度停擺了三年多（一九四二年－一九四五年），許多僑校被日本軍隊刻意佔用和破壞。日本戰敗投降，退出東南亞各國，中國國際地位提升，華僑社會展開了大規模的復校運動，並籌辦新學校。戰後二十年（一九四五年－一九六五年）是華僑教育的第四波熱潮，也是最高峰時期。然而，好景不長，由於國際冷戰，東南亞各國獨立，中國內戰以至分裂，僑社也分裂。一九六五年之後東南亞的僑民教育盛極而衰，只有馬來西亞華社在馬來西亞獨立後因華人人口比例較高，幾位華教領袖如林連玉、沈慕羽等人的努力下，爭取華族的族裔語言受教權，保存了華校的體系，為了避免族群衝突，刻意自稱華族教育，不再以僑教自居。

在東南亞排華四起，華僑經濟和華僑教育遭受全面打擊之時，一九六七年中國大陸陷入文化大革命的混亂，視僑胞為外國人，把海外關係界定為「反動的政治關係」，僑務全面停頓，僑胞陷入內外交侵的困境。在這個艱困時期，在臺灣的僑務委員會仍努力協助尚存的華校，與大量招收華僑回國升學配合下，為「僑教」保留了出路。也因為戰後的國共內戰，東南亞還發展出兩個特殊的華教體系：一是泰北孤軍子弟的華僑學校，二是緬北臘戌地區的果文學校。此外，北美地區開放移民，大量從臺灣去的留學生為其子弟創造出一種週末上課的中文學校模式，可謂東邊關了一扇門，西邊打開另扇窗。馬來西亞、泰北、緬北的華校，北美的中文學校，僑生回國升學，為一九六〇年代之後的華文教育保存了命脈。

為了適應戰後的政局變化，華僑身分的改變，母語教學為主的僑校體系逐漸轉化為族裔語言教學的華教體系，華校逐漸轉型為開設華語課程的私立（民辦）學校，以華語為教學語言的全日制華校走人歷史。華教體系多元化發展，半日制、混合制、週末制、補習班等紛紛出現，華文教育的三教問題也因此變得複雜。難能可貴也令人欽佩的是，僑社之中仍然有為保持族裔語言文化而努力不懈的華教奮鬥者。

一九八〇年代大陸新移民遍佈全球，華僑社會有了結構性的轉變。中國大陸經濟崛起和全球化的發展，華語熱甚囂塵上，兩岸政府積極投入資源，在高等教育中成立專業，培養華語教學人才。不論是中國大陸發展的「漢語國際教育」，或臺灣推動的「對外華語教學」，都發現發展了百年的華文教育是中文國際化最重要的基礎。

華文教育是隨著華人移民發展的，一九九〇年代以後華文學校的模式和華文教育的內容，是以週末制中文學校為主流。二十一世紀華文教育的發展，則取決於華人新移民與居住國的主流教育體系互動下，將採取什麼樣的家庭語言政策（family language policy）為主。中國大陸和臺灣也都可以發揮影響力，中國大陸的整體國力將影響華語的國際地位、其對外關係會影響中華文化的國際傳播；臺灣的僑生升學制度（包括海青班）、海外臺灣學校的經營，也會為華文教育的永續經營提供寶貴的經驗。近年東南亞的華語成人補習班、三語學校和（有華語部的）國際學校發展；美國華人經營的課後班（after school），主流學校從二〇〇六年快速增加的沉浸式中文學校，是幾個重要的新趨勢。他們透露的訊息是：華文教育國際化、在地化勢所必然；華語的工具性增加，文化性淡出。

興華文教基金會在董鵬程先生主持時，就計畫出版系列研究華文教育的書籍，可惜壯志未酬。新董事會為完成其心願，邀集多位長期從事僑教的學者參與撰寫各地僑校的發展，期能保存華文教育的歷史，彰顯華人在海外傳承中華文化的偉大情懷。並鼓勵對華文教育深入研究，對華文教育的未來能有所啟發。

僑教向為僑務的核心工作，本人從臺北市政府到僑委會服務的期間，就全力投入第二處的僑教工作，足跡踏遍海外僑區，也推動包括緬甸、泰北的師培專案，臺商子弟教育即臺北學校的籌建，全球華文網路教育中心的建構，為九〇年代僑教數位化鋪設人才培育、學術研究及電腦軟硬體設備的基礎工程，期間本人廣泛接觸第一線以復興中華為己任的僑教領袖和僑校教師，深感僑教工程的重要和所有投注心力的參與者的偉大，這也是後來有機會回會擔任委員長後，特別延攬華語文專家擔任副委員長以及在最短時間內編印《學華語向前走》這套教材，希望為僑教奠定更紮穩基礎的努力。

凡走過必留下痕跡，是希望把所有僑教經驗都能順利完整的傳承，也期盼能鑑記僑教發展的全球軌跡。本人也要藉此套叢書的出版，向所有僑教前輩先進致敬，也要鼓勵更多的年輕新生社群一棒接一棒的努力下去，永續發展興華大業。本套叢書的出版要感謝基金會所有董事監事的全力支持，任弘兄和良民兄的協助，以及熱心人士的贊助，期望我們可以共同維護、傳承僑教的火苗。

興華文化教育發展基金會董事長　陳士魁

目次

第一章 緒論

十九世紀至二十世紀晚期，影響海外華僑學校發展的原因，主要來自中國內部的變動、世界局勢的演變以及政府的態度與政策。從初創期之私塾，轉變到以培養新國民觀念與建立國家認同為目標、且具備近代內涵之華僑學校。例如因滿清中國國際地位低落與內部改革受阻，梁啟超、孫中山等力主發展海外華僑學校，導致海外華僑學校之形態。又如，清末時期，鼓勵華僑辦學堂，包括日本、新加坡、泗水及加拿大等均設立華僑學校。[1]

值得注意的是，華人移居各地區，包括商人、勞工或軍人等，不因其職業差異，而稍有疏忽或遺忘教導子弟學習漢字與認識中華文化之教學和文化活動。移民自行出資或集資的方法，以個別、集體的教學方式，甚至於成立學堂，自中國邀請教師教導華僑華人子弟說寫中文，為移民本身落葉歸根及返回原鄉做準備。如十九世紀福建人

[1] 〈神戶倡建大同學校公啟〉，《清議報》18冊，一八九九年六月八日；〈東京高等大同學校公啟〉，《清議報》23冊，一八九九年八月六日。

陳金聲創辦萃英書院[2]，另有英國人於新加坡成立三所華文私塾，辦學目的似以傳遞福音為主，[3]在馬來亞，一八一九年，已有教授華人子弟的私塾，如五福書院（或稱五福堂）。菲律賓在西班牙統治下，華僑在自己家裡教授子弟學習華文，直到一八九九年，中西學堂的設立，成為第一所華文學校。[4]荷屬巴達維亞華僑設有明誠書院，以教授中國傳統幼童書為主。[5]

美國受到日本偷襲珍珠港事件的影響，夏威夷的華僑學校全面停止招生與上課。日本投降後，日本、美國及東南亞的華僑學校陸續恢復營運，進入一個全面重建的時期。然而，面對中國內部發生國共戰爭與東南亞國家之民族意識的高漲等多重因素的影響下，各國之華僑學校均有不同的發展與轉變，例如來自華僑居留地政府所設立的

---

2 區如柏，〈萃英為何獨憔悴〉，《聯合早報星期刊》〈新加坡〉，一九八九年四月三十日。

3 一八六一年，華人集資辦理萃英書院，教授華僑子弟，二所以廣府話及一所以福建話教學。吳華，《新加坡華文中學史略》〈新加坡：教育出版社，一九七六年〉；莊欽永，〈1819-1844年新加坡的華文學堂〉，《海外華族研究論集第三卷：文化、教育與認同》，收於張存武、湯熙勇主編，〈臺北：華僑協會總會，民國九十一年六月〉，頁79-109。

4 玟玲譯，〈菲報人看菲律賓華校〉，《南洋文摘》6卷6期，一九六五年六月，頁30。

5 華僑志編纂委員會，《華僑志・總志》〈臺北市：華僑志編纂委員會，一九五六年〉，頁250、257。

管制，使得華僑學校的成立與教學內容，從獨立自主走向限制或干涉[6]，華僑學校的定位與特性被迫需要進行調整，有的華僑學校甚至於走向停止營運的命運。

第二次世界大戰結束後，各地的華僑學校陸續恢復上課，東北亞的華僑學校或華語文學校陸續恢復營運，進入一個全面重建的時期。受到各國不同的政策影響，華校則有不同的因應策略，惟皆以達成傳播中華文化及學習中文字的辨識與書寫為主。誠如美籍學者孔腓力（Philip A Kuhn）所說，華僑華人移民形成了幾個有價值的特點，其一即是華僑華人在海外各地維持中華文化，而華僑學校則是教授與傳承中華文化的重要據點。是以，華僑／華人在移居國內所成立的華僑／華文／中文學校，為研究中華文化散播於海外的最佳典範。

6　梁兆康編著，《華僑教育導論》〈臺北：海外出版社，一九五九年〉，頁7-9。

第一節　日本華人海外移民與僑校的設立

一八五三年以前，日本即與中國從事文化或貿易、宗教等活動，惟並無以教授漢文之專門華僑學校的設立。一八九七年，孫中山與革命黨人結合梁啟超等維新人員，在日本橫濱首創中西學校，華籍學童除了學習漢字、中華文化外，還設有英語及日語、地理等課程，為具近代學校體制的華僑學校。十九世紀中期以後，由於日本華僑人數日益增加，基於學習華語及實用技藝的需要，開始設立如「蒙學」之小型私塾，並發展成近代式之華僑學校，即日本的華僑學校走向「國際化」（internationalization）。在十九世紀晚期前，日本實施鎖國制，以長崎為中心，開放與中國的貿易及文化活動，華人以居留長崎為主。惟在美國船堅炮利下，日本被迫放棄鎖國制，向歐美國家開放港口，歐美人士移入日本，中國人以所謂歐美人士「附屬」之名義（如僕役等）移入日本橫濱。至中國與日本於一八七一年簽署修好條約後，中國人方以中國籍的身分進入日本。華人亦陸續進入日本，居住地不限於長崎，擴及神戶、大阪及東京等。至於華人移入韓國，除了中韓兩國地緣關係外，為了平衡日本有計畫地移民韓國，清朝政府亦鼓勵華人移入韓國。

從十九世紀晚期至一九八〇年，日本近代式之華僑學校設立過程，可以分成草創期、發展期、艱困期及重建期等四個時期。初期以長崎之私塾為主。其後，以廣東語為主的華僑於橫濱設立華僑學校，教授華僑子弟學習漢字書寫與中華文化為主，亦宣傳中國政治改革或革命之思想，鼓舞華僑參與改革或革命行列。

一九三七－一九四五年間，因中日戰爭與太平洋戰爭之影響，在汪精衛政權的支持下，日本的華僑學校勉強維持最基本的運作，東南亞的華僑學校則因支持中華民國抗日的關係而被迫停止辦理。一九三七年，中日兩國發生戰爭後，華僑陸續返回中國，其子弟隨其父母離去，教職員紛紛散去，導致華僑學校解散或關閉。太平洋戰爭爆發後，受到美國軍機的轟炸，原有之華僑學校建築或校舍遭受到嚴重地破壞，至一九四五年八月前，事實上，華僑學校已名存實亡。日本投降後，中華民國成為戰勝國，華僑的地位因而提升；原為日本籍之在日臺灣人，因國籍復籍，成為臺僑，加入華僑社會，原被解散或關閉之華僑學校逐漸開始復校。一九四六年至一九八〇年，日本有六個主要的華僑學校，在東京、橫濱、大阪及神戶、長崎等重新開設，擔負起教導華僑子弟的任務，其重建過程及其所面臨的問題，與中國內部政治情勢及中日外交、軍事關係之演變具有密切關係，包括華僑社會本身的變化、日本主流社會的影響，以及來自中華民國及中華人民共和國兩個「祖國」的意識形態及經濟支援的力量，形成錯綜複雜的關係。日本華僑學校的教學內涵，具有跨國性的教育與文化活動，兼具華文、日文及英文的學習。此外，華僑學校的功能是多元性的，除了傳承與推動中華文化外，亦具備聚集與結合華僑力量的流動空間，提供學生家長交流的場面，並發展成為鼓勵與推動華僑參與主流社會的活動。

第二節　韓國華人海外移民與僑校的設立

韓國（即朝鮮）雖然與中國相鄰，惟受到韓國王朝禁令的限制，至十九世紀晚期，華人方開始移入，發展出華人聚居所在地。自冷戰時期起，基於反共的立場，中華民國與韓國建立起特殊政治與文化關係。十九世紀晚期，因韓國內部發生動亂，清政府派兵支援韓國皇室平息兵變。一八八二年，中、韓兩國簽訂「中國朝鮮商民水陸貿易章程」後，以來自山東、河北及東北等地區之華人，紛紛跨越國境進入韓國的通商港口，以仁川為主。華人在韓國的生活漸趨穩定後，遂將在原鄉之家屬接入韓國共同生活，逐漸形成華人社會。華人最初延請老師在家中教授《三字經》及《千字文》等傳統經書，兼學珠算等技藝課程，後因中國境內以書院及學校來取代私塾，遂集合華人及清駐韓領事館人員力量，一九〇二年，設立仁川華僑小學，成為韓國境內最早的一所華僑學校。這所學校由駐韓副領事金慶章兼任首任校長，校址初設於仁川中華商務總會；其後，華人捐款建校興建三間教室。[7]民國以後，仁川華僑小學是當時最具規模的一所學校。一九〇九年，漢城華僑小學設於中區水標洞舊商會內，其後遷入

[7] 杜書溥編著，《仁川華僑教育百年史》，二〇〇一年十月，自行出版，頁17-27。

今日之中央郵局處的中華總商會內，由**富士英兼任校長**[8]，又遷入中國大使館內。[9]

8 〈韓國漢城華僑小學百年來大事記〉，《世紀風華漢小情——韓國漢城華僑小學創校百週年紀念特刊》。

9 秦裕光，《旅韓六十年見聞錄——韓國華僑史話》（臺北：中華民國韓國研究學會，一九八三年一月），頁139-141。

第二章　日本華僑學校教育的沿革與現況

金恩美

第一節　日本僑校與發展

日本的華僑學校教育在全體華僑研究史上具有重要的意義，因為日本的華僑學校是全世界第一個成立的近代化的華僑學校。值得注意的是，在日本近代華僑學校的成立與祖國中國的國內情勢具有密切的關係，而在日本成立的第一個華僑學校為橫濱的「中西學校」，其後陸續在日本各地成立近代化的華僑學校。第二次世界大戰結束時，在日本橫濱、東京、神戶、大阪、長崎、函館、仙台、靜岡、京都、島根的華僑學校等共有11所。[1]一九八八年長崎中華學校因學生數的減少而結束學校經營後，二〇二〇年現在日本華僑學校共有五所：橫濱中華學院、橫濱山手中華學校、神戶中華

1　張澤崇，〈日本華僑學校之研究〉，（臺北：國立臺灣師範大學華語文教學研究所碩士論文，二〇〇三），頁51-52。

同文學校、東京中華學校、大阪中華學校。由於日本華僑學校分裂為「中華民國派」與「中華人民共和國派」，華僑學校亦分裂為兩個系統：東京中華學校、大阪中華學校、橫濱中華學院為中華民國系統；神戶中華同文學校、橫濱山手中華學校為中華人民共和國系統。

第二節　橫濱中華學院

「甲午戰爭」的戰敗，對日本華僑社會也帶來很大的衝擊。在日本華僑而言，「甲午戰爭」不僅感覺到中國近代化之必要性，也深刻感覺到華僑社會近代化的必要性。一八九五年，中國革命派的武裝起義失敗後，孫文與其弟子陳少白、鄭士良逃亡至日本。橫濱是屬於華僑人數最多的區域，橫濱華僑提出開辦學校的建議，在革命派的協助下，一八九七年初冬在橫濱成立了「中西學校」。當時在日本的孫文取名為「中西學校」，「中」代表中華思想，「西」代表西洋文化，意旨學生應學習「中」與「西」，也帶有對華僑推廣革命思想的目的。[2]

一、學校發展與沿革

「中西學校」是實施近代化教育的學校，如前所述，是世界上最早成立的華僑學校。一九〇五年才開始在中國實施近代化教育，因此「中西學校」可以說是比中國更早的近代教育機構。其校址為橫濱市中區山下町140番地，現橫濱中華學院旁邊。[3]華

2 西村俊一，《現代中国と華僑教育》（東京：多賀出版，一九九一），頁339-340。

3 張澤崇，〈日本華僑學校之研究〉，頁53。

僑社會的定居化也是「中西學校」成立的背景之一。「甲午戰爭」以後，人口持續增加，華僑社會也逐漸安定化，女性人口的增加，促進了華僑社會的定居化。一九〇〇年日本華僑人口為六千八百九十人，男女比例為3.6比1，可以說是開始進入定居型華僑社會。這意味著單身為中心的華僑社會變化為家族為中心的華僑社會。由於華僑家族增加，其子女的教育機構之需求也隨著增加，日本華僑的近代化願望相疊，誕生了以華僑子弟為對象的近代化學校。

當時橫濱華僑推薦革命派的陳少白為「中西學校」之校長，但陳少白認為革命派教學經驗皆不足，推薦教學經驗豐富的立憲派擔任校長。當時革命派與立憲派都是清廷的反對派，雖意見與主張不同，但兩者並未形成對立立場。陳少白當初推薦上海時務報的主筆梁啟超，但梁啟超以不能兼任為由，推薦康有為的弟子徐勤。一八九七年冬，徐勤就任為「中西學校」之校長，就任後立刻將學校名稱更改為「大同學校」。學校名稱更改事件後，在日本的革命派與立憲派的衝突日益加深，一八九八年以後，隨著革命氣氛之高昂，革命派與立憲派對立更加表面化。[4]一八九八年戊戌變法失敗

4 裘曉蘭，《多文化社会と華僑・華人教育——多文化教育に向けての再構築と課題》（東京：青山ライフ出版，二〇一二），頁61。

後，立憲派的康有為、梁啟超等人亦流亡到日本，立憲派掌握了「中西學校」實權，學生人數約四百人，主要以廣東語上課。[5]

革命派與立憲派對立的情況下，一九〇五年孫文成立了新學校叫做「華僑學校」，學生人數約兩百人，亦以廣東語上課。同年，浙江省出身華僑「以上海語上課」為訴求設立了「中華學校」，一百人左右的學生接受教育。一九二一年成立「志成中學校」，以中、日、英三個語言教學，學生約四十至五十人。一九二〇年代，在橫濱共有五所華僑學校，以語言與政治人脈為基礎各幫設立了學校。其後，五所學校因一九二三年爆發的關東大地震而全毀，一九二四年各校統整為「中華公立學校」，約四百人學生以廣東語接受教育。但是，再因第二次世界大戰的空襲而燒毀，隔年一九四六年在華僑的熱烈捐款下，重新建設，校名更改為「橫濱中華小學校」，各種不同的上課教學語言也統一為標準語即北京語，學生約八百八十人。[6]該校設立當時，也獲得中華民國僑務委員會的認可。[7]

一九四七年，中華民國駐日代表團與留日華僑總會在東京主辦「第一次留日華

5 西村俊一，《現代中国と華僑教育》，頁340。
6 西村俊一，《現代中国と華僑教育》，頁340。
7 張澤崇，〈日本華僑學校之研究〉，頁57。

僑全國教育會議」，參加者包括東京、橫濱、大阪、神戶、島根、長崎等各地的華僑學校相關人士，也有「留日華僑總會」的會長、幹部，以及中華民國駐日代表團的幹部。該會議做出「第一次留日華僑全國教育會議決議案」，決定遵守中華民國教育部在中國國內發布的教育基準。決議案內容包括華僑學校董事會的權限、教師資格與待遇、教育內容、學級學生數等，與學校經營、教育相關的詳細內容都包括在內。其中重要的決議事項如下：一、各地華僑學校的授課語言規定為國語（北京語）。二、依照中華民國教育部的規定，制定考慮日本現狀的課程基礎，例如：教育內容、上課時數等。三、學校名稱統一為「中華學校」，在前加入所在地地名。四、設立留日華僑學校聯合會。五、設立「教科書編選委員會」，從中華民國教育部分配的各種教科書中，選擇適用華僑學校的內容編輯成華僑學校用教科書。[8]此會議具有非常重要的意義，透過此會議，日本各地的華僑學校在中華民國政府的指導下進行了標準化與統一化作業。

一九四七年七月，「橫濱中華小學校」根據中華民國教育法令，成立了董事會，由吳伯康擔任董事，陳文瀾擔任校長，並且由於學生的增加，成立初中部，校名更改

8 裘曉蘭，《多文化社会と華僑・華人教育—多文化教育に向けての再構築と課題》，頁109-110。

為「橫濱中華學校」，由幼稚園、小學、中學三部所構成。[9]但是，戰後國共內戰再開，中國情勢的變化，也對華僑學校帶來巨大的影響。由於一九四九年在中國大陸成立中華人民共和國，中華民國撤退臺灣，在日本的華僑社會分裂為「中華民國派」與「中華人民共和國派」。華僑社會分裂也導致華僑學校的教育內容與經營方向的衝突，一九五二年在橫濱爆發了「學校事件」。

一九四九年三月，陳文瀾被迫退任校長後，「橫濱中華學校」由「中華人民共和國派」的王瀛繼任校長，接者又由「中共派」李錫繼接手校長。學校教育內容逐漸偏重為中華人民共和國為主的教育，卻引起「中華民國派」華僑的不滿，李錫繼被罷免校長職位，由原來的陳文瀾擔任校長。其後，「中華人民共和國派」學生在學校逼迫陳文瀾下臺，接者也逼迫李錫繼下臺，學校事務陷入混亂局面。學校的董事會為了解決學校的混亂局面，邀請王慶仁擔任校長。一九五二年中華民國軍事代表團開始介入學校行政，同年八月一日，「中華民國派」王慶仁校長率領六位新聘教師與二十位有影響力的華僑，接手「橫濱中華學校」。[10]此時，王慶仁也動員日本武裝警察機動隊

9　張澤崇，〈日本華僑學校之研究〉，頁57。
10　市川信愛，〈華僑学校教育の国際的比較研究（上巻）〉トヨタ財団研究助成報告書（宮崎：宮崎大学教育学部社会経済研究室，一九八八），頁170。

兩百人，從學校驅逐了「中華人民共和國派」的教師與學生。[11]

「學校事件」後，「橫濱中華學校」原有校舍由「中華民國派」掌握，當時八百多學生中，約六百名學生離開，留在「橫濱中華學校」的學生僅有七十名左右。但，「橫濱中華學校」的教育也逐漸趨於穩定，一九五三年底學生人數增加至三百一十人。（參考表1）一九五五年增設高中部，將校名更改為「橫濱中華中學」。

表1　橫濱中華學校的學生人數（1952-1955）

年月	學生數
1952年9月	70
1952年12月	165
1953年2月	231
1953年12月	310
1954年1月	321
1954年8月	367
1955年4月	385

資料來源：市川信愛，〈華僑学校教育の国際的比較研究（上巻）〉トヨタ財団研究助成報告書（宮崎：宮崎大学教育学部社会経済研究室，一九八八），頁170。

[11] 裘曉蘭，《多文化社会と華僑・華人教育—多文化教育に向けての再構築と課題》，頁103-105。

一九六八年，「橫濱中華中學」新建了4樓的新校舍，校名再次更改為「橫浜中華學院」。一九七四年，中國國民黨中央委員會批准「橫浜中華學院」使用「國父紀念校」之稱號。一九八二年，為慶祝85週年校慶，重建了凡爾賽宮式校門。一九八七年，為慶祝90週年校慶，建立蘇曼殊大師文學紀念碑。一九九三年，原來的泥濘操場整修為全天候運動場。二〇一二年，首次舉辦臺灣華語夏令營，並與臺灣長榮高級中學締結姊妹校。二〇一三年，首次舉辦校慶文化祭，並與臺灣東海實驗高級中學及卓蘭實驗高級中學締結姊妹校。二〇一四年，與國立臺北教育大學簽署教育合作備忘錄。二〇一五年，與國立臺灣體育大學、私立銘傳大學簽署教育合作意向書。二〇二〇年十二月預計新校舍落成。[12]

二、學校現況

「橫浜中華學院」位於橫濱中華街內，地址為：橫浜市中區山下町142番地，校訓為禮、義、廉、恥，「禮」意旨規規矩矩的態度；「義」意旨正正當當的行為；「廉」

12 「橫浜中華學院」網站，網址：http://www.yocs.jp/YOCS/about.9.php，瀏覽日期：二〇二〇年十月十三日，（二〇二一年三月新校舍部分落成）https://www.ocacnews.net/overseascommunity/article/article_story.jsp?id=276677。

是指清清白白的辨別；「恥」則是切切實實的覺悟。教育方針為「學習中國語，傳承中華文化的一所學校，以校訓為基礎，配合新時代，建造一個快樂學習的環境，培育德、智、體、群、美的群人教育」。教育目標如下：一、自我肯定，建立目標。二、友愛同學，合群互助。三、上敬下愛，尊師重道。四、健全人格，五育並重。五、落實數位E化教學。六、著重中、日、英三語習得。七、培養宏觀國際視野。[13]

二〇二〇年現在「橫浜中華學院」的組織如圖1，理事會與評議委員會為最高決策機構，校友會與家長會亦具有對學校經營發言權利。由馮彥國擔任校長，羅鴻建擔任理事長。「橫浜中華學院」由幼稚園部、小學部、中學部及高中部所構成，採取兩學期制，上學期為四月初到十月中旬，下學期為十月中旬到三月下旬。教育行政組織如圖2，值得注意的是特別設立「進學主任」，輔導學生的升學，也可以看出學校對學生升學的重視。

13 「橫浜中華學院」網站，網址：http://www.yocs.jp/YOCS/about.8.php，瀏覽日期：二〇二〇年十月十三日。

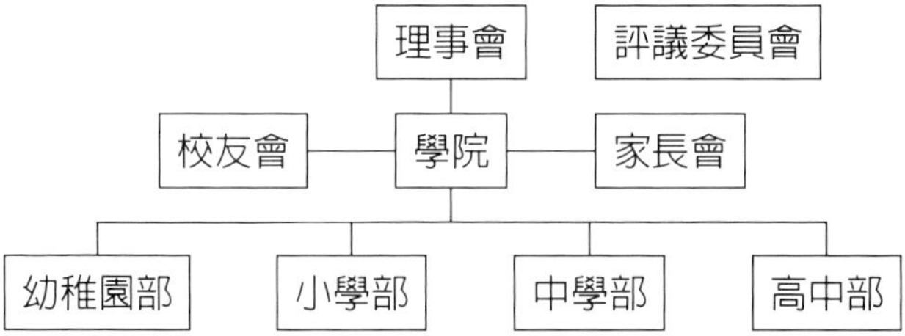

圖1　橫浜中華學院學校組織圖（2020）

資料來源：「橫浜中華學院」網站，網址：http://www.yocs.jp/YOCS/about.11.php，瀏覽日期：2020年10月13日。

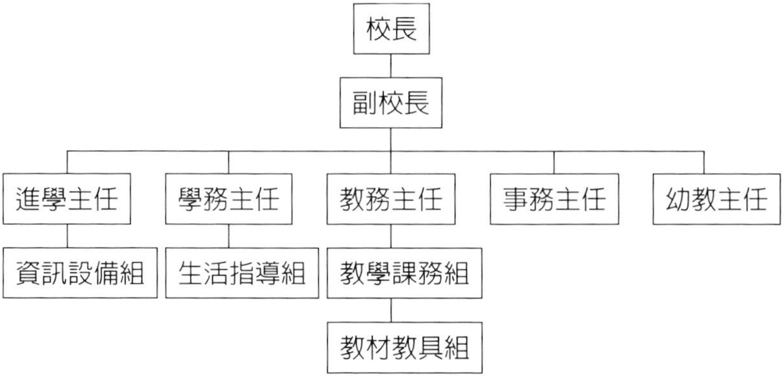

圖2　橫浜中華學院教育行政組織圖（2020）

資料來源：「橫浜中華學院」網站，網址：http://www.yocs.jp/YOCS/about.11.php，瀏覽日期：2020年10月13日。

事實上，「橫浜中華學院」實際教育目標為「培養品學兼優，精通中、日、英語和文化之優越人才」。[14]「精通中、日、英語」的教育目標也反映在教育課程中。如表2、表3、表4所示，「橫浜中華學院」小學部、中學部及高中部的課程都包含中文、日文、英文教授之科目。中文授課的科目，使用的課本也是中文課本，主要是中華民國僑委會贈送的南一出版社教科書。日文授課的科目，使用文部科學省所規定的教科書。[15]

小學部教育目標主要以中文教育為中心，使用中華民國教育部指定的教科書，提升「聽、說、讀、寫」之中文基礎能力。同時使用日文教科書教學，使學生同時具備日本義務教育之準。[16]因此，小學部、中學部及高中部中，小學部的中文授課科目最多，五、六年級35時數中，24小時為中文授課科目，約占69%。小學部「日語」、「圖工」、「體育」、「英語」以外，都是中文授課的課。（表2）

14 二〇一四年七月，筆者訪問「橫浜中華學院」時，馮彥國校長提供給筆者的資料。

15 「橫浜中華學院」網站，網址：http://www.yocs.jp/YOCS/about.13.php，瀏覽日期：二〇二〇年十月十三日。

16 二〇一四年七月，筆者訪問「橫浜中華學院」時，馮彥國校長提供給筆者的資料。

表2 橫浜中華學院小學部教育課程（2019）

	科目名稱	一年級	二年級	三年級	四年級	五年級	六年級
使用中文學習	國語	8	8	6	6	6	6
	說話	1	1				
	作文			2	2	2	2
	數學	4	4	5	5	5	5
	生活	1	1				
	自然			2	2	2	2
	社會			2	2		
	中社					2	1
	藝術（圖工、音樂）	2	2	2	2	2	2
	電腦					1	1
	傳文	1	1	1	1	1	1
	班週會	1	1	1	1	1	1
使用日語學習	日文	4	4	4	4	5	5
	體育	2	2	2	2	2	2
	日社					1	2
	英會話	1	1				
	英文			2	2	2	2
	每週時數	25	25	29	29	32	32

資料來源：「橫浜中華學院」網站，網址：http://www.yocs.jp/YOCS/about.11.php，瀏覽日期：2020年10月13日。

註：使用語言的分類參考：學校法人橫濱中華學院，〈學校法人橫濱中華學院簡介〉，橫濱：學校法人橫濱中華學院，出版年不詳。2014年7月，筆者訪問「橫浜中華學院」時獲得的資料。

中學部與高中部的教育目標為，若有志於日本升學的學生，使他具備進入日本高中及大學之學力；對有志於回國升學的學生，亦加強中文實力，並設立返國升學窗口，使學生能順利達成返國升學的願望。[17]「橫浜中華學院」許多學生，中學部畢業後，轉到日本高中就讀，因此在教育課程的編制上，比起小學部中文科目下降，日文科目上升。中學一、二、三年級共39時數中，中文科目為19小時，約49％；日文科目為15小時約38％；英文科目5小時約13％。（表3）

高中部的中文授課科目比起中學部更加減少，使用日語學習科目占大多數。「國語／作文」、「中國社會」與「綜合學習／升學輔導」科目用中文授課，「英文／英文會話」用英語授課，其他「日文」、「數學」、「日本社會」、「理科」、「保健／體育」等科目皆用日語授課。高一、二、三年級共39上課時數中，中文科目為10小時約26％，日文科目為22小時約56％，英文科目為7小時約18％。（表4）小學部、中學部及高中部的英語科目所占比例並不高，但是越高年級英文科目學分數越多，高中部的英文科目最多。

根據二〇一三年的統計，「橫浜中華學院」小學部人數最多二百五十七人，中學

[17] 二〇一四年七月，筆者訪問「橫浜中華學院」時，馮彥國校長提供給筆者的資料。

表3　橫浜中華學院中學部教育課程（2019）

	科目名稱		一年級	二年級	三年級
使用中文學習	中文	中文	4	4	4
		作文	2	2	2
	數學		5	5	5
	中社		2	2	2
	音樂		1	1	1
	電腦			1	
	傳統文化		1	1	1
	綜合學習		1	1	1
	週班會		1	1	1
使用日語學習	日文		5	5	5
	理科		3	3	3
	日社		3	3	3
	體育		2	2	2
	保健		1	1	
	美術		1	1	1
	技術家庭		1		
	英文		4	4	4
	英會話		1	1	2
	每週時數		38	38	38

資料來源：「橫浜中華學院」網站，網址：http://www.yocs.jp/YOCS/about.11.php，瀏覽日期：2020年10月13日。

註：使用語言的分類參考：學校法人橫濱中華學院，〈學校法人橫濱中華學院簡介〉，橫濱：學校法人橫濱中華學院，出版年不詳。2014年7月，筆者訪問「橫浜中華學院」時獲得的資料。

	科目名稱		一年級	二年級	三年級
	外國語	溝通英語I	4		
		溝通英語II		4	
		溝通英語III			4
		英語表現I		2	
		英語表現II			2
		英語會話	2		
	進學			1	1
	週班會		1	1	1
	每週時數		38	38	38

資料來源：「橫浜中華學院」網站，網址：http://www.yocs.jp/YOCS/about.11.php，瀏覽日期：2020年10月13日。

註：使用語言的分類參考：學校法人橫濱中華學院，〈學校法人橫濱中華學院簡介〉，橫濱：學校法人橫濱中華學院，出版年不詳。2014年7月，筆者訪問「橫浜中華學院」時取得的資料。

表4　橫浜中華學院高中部教育課程（2019）

<table>
<tr><th></th><th colspan="2">科目名稱</th><th>一年級</th><th>二年級</th><th>三年級</th></tr>
<tr><td rowspan="5">使用中文學習</td><td rowspan="5">中文</td><td>中文</td><td>4</td><td>4</td><td>4</td></tr>
<tr><td>作文</td><td>2</td><td>2</td><td>2</td></tr>
<tr><td>歷史</td><td>1</td><td></td><td></td></tr>
<tr><td>地理</td><td></td><td>1</td><td></td></tr>
<tr><td>傳統文化</td><td>1</td><td>1</td><td>1</td></tr>
<tr><td rowspan="22">使用日語學習</td><td rowspan="3">日文</td><td>國語總合</td><td>5</td><td></td><td></td></tr>
<tr><td>現代文B</td><td></td><td>4</td><td>4</td></tr>
<tr><td>國語表現</td><td></td><td>2</td><td>2</td></tr>
<tr><td rowspan="3">地理歷史</td><td>世界史A</td><td>2</td><td></td><td></td></tr>
<tr><td>世界史B</td><td></td><td>2</td><td>4</td></tr>
<tr><td>地理A</td><td>2</td><td></td><td></td></tr>
<tr><td>公民</td><td>現代社會</td><td></td><td></td><td>2</td></tr>
<tr><td rowspan="5">數學</td><td>數學I</td><td>3</td><td></td><td></td></tr>
<tr><td>數學A</td><td>2</td><td></td><td></td></tr>
<tr><td>數學II</td><td></td><td>4</td><td></td></tr>
<tr><td>數學B</td><td></td><td>2</td><td></td></tr>
<tr><td>數學演習</td><td></td><td></td><td>3</td></tr>
<tr><td rowspan="4">理科</td><td>物理基礎</td><td></td><td>2</td><td></td></tr>
<tr><td>化學基礎</td><td>2</td><td></td><td></td></tr>
<tr><td>生物基礎</td><td>2</td><td></td><td></td></tr>
<tr><td>理科</td><td></td><td>2</td><td>3</td></tr>
<tr><td rowspan="2">保健體育</td><td>體育</td><td>2</td><td>2</td><td>2</td></tr>
<tr><td>保健</td><td>1</td><td>1</td><td></td></tr>
<tr><td>藝術</td><td>美術I</td><td></td><td>1</td><td>1</td></tr>
<tr><td>家庭</td><td>家庭基礎</td><td>2</td><td></td><td></td></tr>
<tr><td>情報</td><td>情報科學</td><td></td><td></td><td>2</td></tr>
</table>

部為五十七人，高中部為三十二人，高中部人數最少的原因為轉至日本高中就讀之學生眾多之故。[18]

此外，就讀「橫浜中華學院」的學生之背景也非常多元，學生國籍包括中華民國籍、中華人民共和國籍、日本籍華人、純粹日本人等。近年來取得日本國籍的華人子弟與沒有華人血統的純粹日本人之學生增加幅度較高。二〇〇六年日本國籍的華人子弟所占比例最高占36.9%，其次為純粹日本人占30%，二〇一四年則前者增加至42%，後者增加至34%，因此學生中76%為日本國籍者。[19]尤其小學部的純粹日本人增加幅度更高，二〇〇六年純粹日本人學生有三十三人，但二〇一三年則增加為九十三人，增長了2.8倍。中華民國與中華人民共和國國籍者趨於減少，二〇〇六年前者占14.8%，但二〇一四年減少為10%；二〇〇六年後者占17.6%，二〇一四年減少為11%。

此外，有關「文化之優越人才」教育目標方面，主要是利用社團與課外活動及傳統文化課程來培養。二〇一四年「橫浜中華學院」有以下社團：古箏部、書法部、檢定部、籃球部、直排輪部、棒球部、輕音部、美術部。其中，書法部曾入選過每日新

---

18 二〇一四年七月，筆者訪問「橫浜中華學院」時取得的資料。

19 陳天璽，〈中華学校に通う日本の子供たち〉，《文化人類学》，第74卷1号（二〇〇九），頁163；二〇一四年七月，筆者訪問「橫浜中華學院」時取得的資料。

聞青少年書法比賽特選。二〇二〇年「橫浜中華學院」社團稍有變化，古箏部、書法部、傳統文化部、籃球部、排球部、躲避球部、桌球部、輕音部、攝影部。傳統文化方面新設立了「傳統文化部」。[20]另外，男學生參加舞龍舞獅課程，女學生參加中華傳統舞蹈課程，成為「橫浜中華學院」最具有特色的傳統文化課程。[21]

根據二〇一四年七月的筆者調查，「橫浜中華學院」專任教師有二十一人，兼任老師有二十五人，共四十六人，多數為學士畢業。其中中華民國國籍者二十三人，外國國籍者為二十一人。[22]

20「橫浜中華學院」網站，網址：http://www.yocs.jp/YOCS/about.15.php，瀏覽日期：二〇二〇年十月十三日。

21「橫浜中華學院」網站，網址：http://www.yocs.jp/YOCS/about.13.php，瀏覽日期：二〇二〇年十月十三日。

22二〇一四年六月，筆者訪問「橫浜中華學院」時，馮彥國校長提供給筆者的資料。

橫濱中華學院

橫濱中華學院國父遺像

第三節　橫濱山手中華學校

經過「學校事件」後，「橫濱中華學校」由「中華民國派」掌握，「中華人民共和國派」華僑，決定借用空間，先讓學生上課。一九五二年九月五日，學校教師與六百多名的學生在山下町小公園舉辦開學典禮，借用家長與華僑的住宅上課。一九五二年九月至一九五三年七月間，開設了幼稚園1班、小學一年級至六年級10班[23]、中學一年級至三年級3班，分散到14個住宅上課。「中華人民共和國派」的教師與學生，雖無法進入校舍，但每天早上在「橫濱中華學校」的操場集合，聆聽校長的注意事項、做早操，解散後各班級教師帶領學生到各臨時教室，即14個住宅上課。[24]

在各界華僑捐款與努力下，購買了離中華街不遠的山手町43番地的土地，一九五三年九月一日新校舍落成，九月二日正式開學，「中華人民共和國派」華僑將此新校舍仍稱呼「橫濱中華學校」。當時學生有六百多人，由烏勒吉擔任校長，繼續開設幼稚園、小學部與中學部。一九五四年開始第一學期改為三月一日至八月底，第二學期

23　小學一年級有1班，二年級至五年級各2班，六年級1班，總共10班。

24　黃偉初、張岩松，〈百年校史〉，收錄於：橫濱山手中華學校百年校誌編輯委員會，《橫濱山手中華學校百年校誌》（橫濱：學校法人橫濱山手中華學園，二〇〇五），頁112-113。

為九月一日至二月底，主要是為了提高中學部畢業生升學日本高中的便利性。國語教科書還是延用中華民國留日華僑教育會與原「橫濱中華學校」編訂的課本[25]。山手町建設的「橫濱中華學校」，當時被稱為「橫濱中華學校山手臨時校舍」，一九五七年正式改名為「橫濱山手中華學校」。[26]

一、學校發展與沿革

一九五二年「學校事件」爆發當時，雖「中華民國派」掌握了「橫濱中華學校」，但學生人數而言，「中華人民共和國派」占優勢，這也代表著在橫濱華僑社會中「中華人民共和國派」為多數。但是一九五三年至一九五八年間，在日本華僑社會興起回歸中國大陸的「歸國熱潮」，橫濱「中華人民共和國派」的學校教師、華僑子弟亦受其影響，許多人回到中國大陸，一九五八年「橫濱山手中華學校」的學生人數

25 一九四七年，中華民國駐日代表團與留日華僑總會召集東京、橫濱、大阪、神戶、長崎等華僑學校，共同召開了第一次留日華僑全國會議，討論決定日本華僑學校的各事項，並成立了中華民國留日華僑教育會，其中設中小學教科書編選委員會，從當時中華民國教育部頒布的各種教科書中篩選幾種、修改編輯後供日本各華僑學校使用。

26 黃偉初、張岩松，〈百年校史〉，頁98、116-119。

減少到四百三十八人。[27]「中華民國派」的「橫濱中華中學」與「中華人民共和國派」的「橫濱山手中華學校」學生人數變得相差不大。

在山手町的臨時校舍為兩層木造校舍，當時並沒有長期使用的打算，但正式成立「橫濱山手中華學校」後，由於校舍太簡陋、落後，一九六五年五月，成立「新校舍建設委員會」，一九六六年五月新校舍竣工，七月舉行落成典禮，九月新學期開始使用。新校舍建成後，向神奈川縣政府申請財團法人資格，一九六六年十二月，批准為「學校法人橫濱山手中華學園」。一九六七年開始，新學年度開學由三月改為四月，亦增設了高中部。增設高中部後，畢業生報考日本大學成為學校苦惱的事情，大部分的學生無法報考自己滿意的大學，導致學生人數逐漸下降，後期每班僅維持十人左右，因此，決定一九八三年起廢止高中部。[28]

「中華人民共和國派」的橫濱華僑學校，中國大陸的留學生為教師主力，但是由於「歸國熱潮」，許多教師回到中國大陸，學校開始從校友中聘請教師，一九七二年留學生出身的教師比例下降到四分之一左右，校友出身的教師占二分之一左右，其他

27 黃偉初、張岩松，〈百年校史〉，頁118。
28 黃偉初、張岩松，〈百年校史〉，頁121-122。

是日本人教師。同年，第一任校長烏勒吉退任，馬廣秀接任第二任校長。

如前所述，「中華人民共和國派」橫濱華僑學校，在山手町辦校之初，延用中華民國華僑留日教育會與原「橫濱中華學校」編訂的課本。後來採用香港出版的東南華僑學校國語教材，但此教材所描述的季節氣候、社會情形不符日本華僑學校，雖教學時補充其他材料，但仍對教師與學生帶來不便。因此，馬廣秀接任第二任校長後，開始推動自編國語教材。事實上，一九六〇年代開始，「橫濱山手中華學校」在國語教學逐漸使用漢語拼音與簡體字。一九七四年，國語教科書編輯工作正式開始，由學校自己印刷、發行，一九七七年四月開始正式使用。

一九七二年日本與中華人民共和國建立正式外交關係前，中華人民共和國的代表團或重要人士也訪問過「橫濱山手中華學校」，例如：訪日經濟代表團、和平代表團、總工會代表團等。但建交後，更多代表團來校訪問，歷任中華人民共和國駐日大使、領事等都曾來校訪問。中華人民共和國改革開放後，「橫濱山手中華學校」與中華人民共和國的關係更加密切。一九八三年，在國務院僑務辦公室、教育部與北京市教委的協助下，從首都體育師範學院聘請第一任公派體育教師，一九八八年從北京華僑學生補習學校聘請第一任語文教師。二〇〇四年為止，從兩校總共聘請十六位教師。另外，「橫濱山手中華學校」還積極聘請來自中國大陸的新華僑教師。

一九八一年，「橫濱山手中華學校」由兩學期制改為三學期制，主要是為了與日本學校一致化。一九九三年四月，第一位華僑社會中成長出來的校友黃偉初接任第四任校長，校友出身的教師占一半以上。當時，「橫濱山手中華學校」面臨學生人數遞減，學生性質變化的問題。學生主要以第三代、第四代的華僑子弟，另有極少數來自中國大陸的新移民的子弟及純粹日本人。日語逐漸成為學生的第一語言，中文成為第二語言，傳統的語言教材已不適合使用。因此，「橫濱山手中華學校」首先推動國語教學的改革。一九九三年四月，國語教學上引進「對外漢語教學」的概念，將中學部原來的語文課與中國社會課（一週共9節課），調整為精讀課（3節）、會話課（3節）、泛讀課（1節）、寫作課（1節）、文化常識課（1節）。自一九九四年，小學部也逐步更改中文課課程。在國語教學方法上，以精講多練習為原則，以聽、說、讀、寫分機能訓練為主。教師也開始站在中文當作第二語言來教育學生。

一九九五年開始在北京華僑學生補習學校的協助下，研發新的中文教科書。一九九六年，為因應國際化的趨勢，「橫濱山手中華學校」廢除「國語」一詞，統一使用「中文」。一九九八年五月，小學數學課，也正式採用「人民教育出版社」統編的教材，授課語言為中文。

二〇〇〇年四月開始，「橫濱山手中華學校」大力推動「素質教育」與「雙語教學」，教育目標如下：

（一）中華學校的學生要繼承並弘揚中華文化，同時學習中日兩種語言並可熟練運用，具有較高的交際技能。

（二）要具備日本學校的同等學力，學生畢業後可納入日本教育體系繼續深造。

（三）中華學校的畢業生要對中國有深厚的感情，要具備較高的綜合素質，可以在今後的社會工作中具有更強的競爭力，成為適應社會形勢變化的新型人才，進而為中日兩國友好大業做貢獻。[29]

由此可知，培養「中日兩種語言並可熟練運用」的人才為「橫濱山手中華學校」主要教育目標。二〇〇〇年六月，「橫濱山手中華學校」、中華人民共和國國務院僑辦與北京華文學院（原北京華僑學生補習學校）聯合編寫的小學部《漢語》系列的教科書50冊全部正式發行。「橫濱山手中華學校」小學部開始全面使用此教科書。此教科書的特色為採取中文當作第二語言來教學的方式。二〇〇一年四月開始，定期招開教師學習會，讓教師學習第二語言教學、素質教學、教育學、教育心理學等理論。

二〇一〇年四月，位於吉濱町新校舍完工，「橫濱山手中華學校」移轉到現在校

[29] 黄偉初、張岩松，〈百年校史〉，頁128。

址，並創立了「熊貓幼稚園」。[30]

二、學校現況

「橫濱山手中華學校」位於橫浜市中區吉浜町2-66。校訓為「三好五愛」，「三好」是指，品行好、學習好、身體好，德、智、體全面發展。「五愛」是指，愛祖國、愛集體、愛勞動、愛清潔、愛自然。主要教育宗旨為，「通過德育、智育、體育等多方面的教育使華僑華人子弟繼承和弘揚中國語言和文化，瞭解和掌握日本語言和文化，具備日本學校的同等學力和較高的綜合素質，為促進中日友好和成為國際型人材打下基礎」。[31]

目前「橫濱山手中華學校」由幼稚園、小學部、中學部所構成，採取一學年度三學期制，第一學期為四月六日至七月二十日，第二學期為九月一日至十二月二十四日，第三學期為一月八日至三月二十五日。[32]小學部的教育重點放在中文學習，同時完成日本

30 「橫濱山手中華學校」網站，網址：http://www.yycs.jp/school/history/history.html，瀏覽日期：二〇二〇年十月十四日。

31 「橫濱山手中華學校」網站，網址：http://www.yycs.jp/school/info/info.html#a，瀏覽日期：二〇二〇年十月十四日。

32 「〈橫浜山手中華学校学則（二〇〇四年四月一日）〉，收錄於：橫濱山手中華學校百年校誌編輯委

表5　橫濱山手中華學校小學部教育課程（2020）

	科目	一年級	二年級	三年級	四年級	五年級	六年級
使用中文學習	中文	6	6	6	6	7	7
	說話	2	2	2	2		
	歷史						3
	地理					3	
	數學	5	6	6	6	6	6
	體育	2	2	2	2	2	2
	書法				1	1	1
	生活	1	1				
	集體活動	1	1	1			
	週會				1	1	1
使用日語學習	理科			3	3	3	3
	日本社會			2	2	2	2
	日文	4	4	4	4	4	4
	英文			1	1	2	2
中、日文混用	圖工	2	2	2	2	2	2
	音樂	2	2	2	2	1	1
	每週時數	25	26	31	32	34	34

資料來源：「橫濱山手中華學校」網站，網址：http://www.yycs.jp/school/info/info.html#a，瀏覽日期：2020年10月14日。

註：使用語言的分類參考：潘民生〈横浜山手中華学校の過去、現在、未来〉，《華僑華人研究》，第8號（2011.11），頁59。

小學相同的內容。小學部的教育課程如表5，中文授課科目比日文授課科目多。

中學部畢業生絕大多升學於日本的高中，因此教育重點放在日文授課科目，學習日本中學相同或其以上的內容，提高日本高中的升學能量。[33]中學部教育課程如表6，可以看出日文授課科目增加許多。用日文上課的科目包括「數學」、「理科」、「日文」、「日本社會」，中學一、二年級日文上課時數為總共20小時，中學三年級為總共21小時；而中文授課的科目縮小為「中文」與「文化常識」，中學一、二年級的中文上課時數為8小時，中學三年級為7小時。如前所述，一九九三年改革國語課時，中學部的「中文」細分為「精讀」（3節）、「會話」（3節）、「泛讀」（1節）、「寫作」（1節），上課時數總共8小時，但現在「中文」科目已經減少為6小時。[34]由此可知，「橫濱山手中華學校」中學部學生為了報考日本高中，必須更精進日文教學科目。

員會，《橫濱山手中華學校百年校誌》（橫濱：學校法人橫濱山手中華學園，二〇〇五），頁247。

33 「橫濱山手中華學校」網站，網址：http://www.ycs.jp/school/info/info.html#a，瀏覽日期：二〇二〇年十月十四日。

34 查看《橫濱山手中華學校百年校誌》（頁233），二〇〇四學年度中學部「中文」科目還是維持「精讀」（3節）、「會話」（3節）、「泛讀」（1節）、「寫作」（1節），共8節。

表6　橫濱山手中華學校中學部教育課程（2020）

	科目名稱	一年級	二年級	三年級
使用中文學習	中文	6	6	6
	文化常識	2	2	1
	週會	1	1	1
使用日語學習	數學	4	4	4
	理科	4	4	4
	日文	5	5	5
	日本社會	3	3	4
	英文	4	4	4
	音樂	1	1	1
	美術	1	1	1
	體育	2	2	2
	技術家庭	2	2	2
	每週時數	35	35	35

資料來源：「橫濱山手中華學校」網站，網址：http://www.yycs.jp/school/info/info.html#a，瀏覽日期：2020年10月14日。

註：使用語言的分類參考：潘民生〈横浜山手中華学校の過去、現在、未来〉，《華僑華人研究》，第8號（2011.11），頁59。

教科書而言，中文授課的教科書使用中華人民共和國國務院僑辦編寫的教材。小學部中文教科書為「中文」、「說話」，使用與北京華文學院共同編撰，由暨南大學印刷的《漢語》教科書。小學部「數學」教科書使用中國人民教育出版社統編教材。小學部「歷史」、「地理」、中學部「文化常識」等中國文化相關的科目，使用自編教材。[35]日文授課的「日文」、「理科」、「日本社會」、中學部的「數學」與「英文」使用日本公立學校相同的教科書。[36]

「橫濱山手中華學校」的學生數在一九五二年時最多達到六百五十多名，但其後學生人數持續下降，一九八〇年代下降為二百多人，一九九四年是歷年最少的二百四十二人。其後學生人數再度增加，二〇〇四年增加到三百九十九人。[37]

近年來「橫濱山手中華學校」學生國籍也出現變化，一九九五學年度中華民國與中華人民共和國國籍者總共占61.6％，其中老華僑占36.0％，但是二〇〇四學年度中華民

35 潘民生〈横浜山手中華学校の過去、現在、未来〉，《華僑華人研究》，第8號（二〇一一），頁59。

36 「橫濱山手中華學校」網站，收錄於網址：http://www.yycs.jp/school/education/education.html#g，瀏覽日期：二〇二〇年十月十四日；張澤崇，〈日本華僑學校之研究〉，頁126。

37 〈學生人數的變遷〉，收錄於：橫濱山手中華學校百年校誌編輯委員會，《橫濱山手中華學校百年校誌》，頁275。

國與中華人民共和國國籍者減少為42.3％，老華僑減少幅度更加縮小僅占6.4％。相對而言，日本國籍者比例逐漸增加，一九九五學年度日本國籍者為36％，二〇〇九學年度則增加為67.6％，主要是取得日本國籍的華人子弟增加之故。純粹日本人學生比例在一九九五學年至二〇〇四學年維持在15－16％之間，但二〇〇九學年減少為6.5％。由此可知，一九九〇年代後期開始學生人數的增加，主要是依賴持有中華人民共和國國籍的新華僑與歸化日本國籍的華人學生的增加。[38]

二〇一七年，小學部學生四百五十三人、中學部學生一百五十六名，共六百零九人學生就讀於「橫濱山手中華學校」。中國籍的學生為兩百三十一人占37.9％、華人三百四十六人占56.8％、日本人三十二人占5.3％，華人[39]學生占半數以上，而純粹日本人學生的比例減少為5.3％。二〇二〇學年度教職員結構為華僑出身十六名，中國大陸出身二十名，日本人十五名。日本人中包含三名「橫濱山手中華學校」的畢業生。[40]

38　〈學生國籍分成表〉，收錄於：橫濱山手中華學校百年校誌編輯委員會，《橫濱山手中華學校百年校誌》，頁276；符順和，〈中華学校をとりまく教育事情—横浜中華街を中心に〉，《華僑華人研究》，第6號（二〇〇九），頁108。

39　在此的華人是指取得日本國籍或其他國籍的華裔子弟。

40　「橫濱山手中華學校」網站，網址：http://www.yycs.jp/school/info/info.html#f，瀏覽日期：二〇二〇年十月十四日。

中國傳統文化教育方面，上課科目以外，如同「橫濱中華學院」主要透過社團活動來學習。書法組、民樂隊、武術隊、舞獅隊、舞蹈組都是與中國傳統文化相關的社團。[41]

41 「橫濱山手中華學校」網站，網址：http://www.ycs.jp/school/school_life/school_life.html#c，瀏覽日期：二〇二〇年十月十四日。

橫濱山手中華學校

橫濱山手中華學校教室

第四節　神戶中華同文學校

在日本第二個成立華僑學校的地區為神戶。一八九九年五月二十八日，在神戶的廣東出身的華僑在中華會館舉辦了梁啟超的歡迎會，梁啟超在歡迎會中發表演說時，激情地說明祖國衰弱的原因，提倡在神戶設立華僑學校。受到梁啟超倡導，一九〇〇年三月，在神戶成立華僑學校，取名為「神戶華僑同文學校」。校舍是木材建造的兩層洋樓，上下約七五〇平方公尺，位於現在的中央區中山手通3丁目22番地，學校土地面積為一七一五平方公尺。創校當時，由日本前內閣總理大臣犬養毅擔任名譽校長，麥少彭擔任第一屆總理（相當於現在的理事長），一九〇二年鐘卓京就任校長。西村俊一指出，「神戶華僑同文學校」邀請犬養毅擔任名譽校長的主要原因是，想要避開清政府施加的壓力。[42]

一九一四年，在神戶又成立了新的華僑學校叫做「神戶華強學校」，是高等小學校，初等科修學4年畢業，高等科修學3年畢業，校舍位於中央區中山手通2丁目。首任校長為關蕙荃、總理為黃禮初，授課語言為廣東語。一九一九年，另又成立華僑

[42] 西村俊一，《現代中国と華僑教育》，頁341。

學校叫做「中華學校」，校舍設於三江公所內（現在中央區北狹通5丁目），授課語言為北京語，校長為楊雲竹。一九二八年，為節省經費及加強華僑間的密切聯繫，經過「神戶華強學校」與「中華學校」的董事會協議，兩校合併為一，改名為「神阪中華公學」，使用原「神戶華強學校」之校址。合併前兩校學生人數為「神戶華強學校」約一百八十人，「中華學校」約二百人。[43]

一、學校發展與沿革

一九二三年「神戶華僑同文學校」開始採用6、3、3學制，增設了初中部。一九三一年爆發「九一八事變」，一九三二年華僑紛紛回國，「神戶華僑同文學校」與「神阪中華公學」均一時停辦，但一九三三年復課。一九三九年「神戶華僑同文學校」

[43] 陳德仁，〈神戶華僑学校，書舍，学塾的略史〉收錄於：陳德仁編，《学校法人神戶中華同文学校八十周年紀念刊》（神戶：学校法人神戶中華同文学校理事会，一九八四），頁50-51。「神戶華強學校」與「中華學校」的合併時間有兩種記載，陳德仁的〈神戶華僑学校，書舍，学塾的略史〉與「神戶同文中華學校」發行的〈學校簡介〉與學校網頁中紀錄為一九二八年合併。但西村俊一的《現代中国と華僑教育》（頁341）與神戶中華同文學校編作的〈學校法人神戶中華同文學校大事記（一九五九年〜一九八三年）〉（收錄於：陳德仁編，《学校法人神戶中華同文学校八十周年紀念刊》，神戶：学校法人神戶中華同文学校理事会，一九八四，頁245）中，紀錄為一九三一年合併。

與「神阪中華公學」合併，校名更改為現在的「神戶中華同文學校」，由潘植我擔任總理，劉振謙擔任校長。[44]

一九四五年六月五日，「神戶中華同文學校」的校舍受美軍空襲而燒毀，因而停止上課，一九四六年獲得神戶市長的協助，借用「大開國民學校」校舍開始上課，當時校長為李萬之。[45]戰後，神戶地區的華僑教育相關人士也參加了一九四七年舉辦的「第一次留日華僑全國教育會議」。因此戰後初期，「神戶中華同文學校」很快的速度被中華民國政府統合。一九四七年成立「神戶中華同文學校」董事會，由吳玉臣擔任董事長。[46]

戰後，神戶華僑社會在一九四七年「二二八事件」爆發前，與中華民國政府維持密切的關係，尤其「神戶華僑總會」扮演駐日代表團神阪僑務分處之角色，帶有半官半民的性質。[47]但「二二八事件」爆發後出現左傾現象，一九四九年以後迅速轉變為

44 神戶中華同文學校編作，〈學校法人神戶中華同文學校大事記（一九五九年～一九八三年）〉收錄於：陳德仁編，《学校法人神戶中華同文学校八十周年紀念刊》（神戶：学校法人神戶中華同文学校理事会，一九八四），頁245。

45 陳德仁，〈神戶華僑学校，書舍，学塾的略史〉，頁52。

46 神戶中華同文學校編作，〈學校法人神戶中華同文學校大事記（一九五九年～一九八三年）〉，頁246。

47 中華会館編，《落地生根一神戶華僑與神阪中華会館百年史》（東京：研文出版，二〇〇〇），頁235。

支持中華人民共和國的「中華人民共和國派」華僑社會。一九五六年，根據中華民國大阪領事館的調查，「神戶中華同文學校」不升中華民國的國旗，不使用國號，不唱國歌，校內也沒有掛著蔣介石與孫文的照片等，明顯可以看出該校的左傾化。中華民國政府將校長李萬之與教務主任李蔭軒視為「附匪份子」，學校使用中共教科書，組織讀書會對學生宣傳共產主義思想，鼓勵畢業生在中國升學，利用家長會與校友會組織赤化華僑社會。大阪領事館甚至報告「神戶中華同文學校」為「赤化的大本營」。因此，以此調查為契機，中華民國政府開始實施「神戶華僑學校確保」措施。[48]

中華民國政府試圖透過重建校舍來拉攏「神戶中華同文學校」。被美軍空襲而校舍燒毀後，一九五七年五月，「神戶中華同文學校」的董事王昭德與校長李萬之為建設校舍，對駐日總領事館報告土地契約與建設工程相關事務。李萬之與李蔭軒苦惱著高達一億三千萬日幣的重建校舍費用，向中華民國政府提出支援費用的請求。中華民國政府也非常重視此案件，認為若「神戶中華同文學校」靠自己的力量成功重建校舍，將會對關西地區的僑務政策帶來極大影響。因此，一九五八年一月三日，成立

48 許瓊丰，〈戦後日本における華僑社会の再編過程に關する研究──在日台湾人と神戸華僑社会を中心に〉（神戸：兵庫県立大学経済学研究科博士論文，二〇〇九），頁270-271。

「改建神戶同文學校專案小組」負責處理此案件。[49]

一九五八年五月十五日，駐日總領事館透過神戶華僑總會招集學校董事、華僑團體的代表，傳達「改建神戶同文學校專案小組」的決定，即中華民國政府可以支援三千萬日幣的建校費用，條件為校長與教務主任的更換。但是，這消息傳開後，引起校友會與家長會的不滿，抗議應按照先前董事會的決議，接受中華民國政府的支援，以「無條件」為前提。一九五八年六月，董事會、校友會、家長會教職員各自招開懇親會等集會，商量因應之策，最後決定：一、不管校舍重建或學校組織的改組問題，華僑教育為最優先，學校教育的中立立場不能被侵害。二、為重建校舍集中華僑的力量，全力以赴。三、不接受任何有前提的中華民國政府的資金支援。四、重建校舍與改組是不相干的兩件問題，校長、教務主任不必解任。[50]

結果校舍的重建費用不得不依賴捐款與銀行的貸款，中華民國政府則利用日本的外交關係，阻止日本人的捐款。再加上，中華民國政府施加外交壓力，試圖阻止東

---

49 許瓊丰，〈戦後日本における華僑社会の再編過程に關する研究──在日台湾人と神戸華僑社会を中心に〉，頁271-272。

50 許瓊丰，〈戦後日本における華僑社会の再編過程に關する研究──在日台湾人と神戸華僑社会を中心に〉，頁272-274。

京銀行的貸款，但以董事個人貸款的方式，從銀行借貸了校舍重建費用。中華民國政府也施加壓力，阻止學校取得財團法人資格，但在兵庫縣教育委員會的協助下，一九五八年取得了財團法人資格。[51]其後，「神戶中華同文學校」以中華人民共和國系統的學校穩定成長、發展下去，停止使用中華民國的教科書，剛開始是在香港購買教科書，但後來使用自編教科書。一九五九年，董事會依照學校法人組織章程，改組為評議會與理事會，八月新校舍完工，九月一日開始使用，九月二十二日開始上課。[52]

在神戶，中華人民共和國系統的「神戶華僑聯誼會」成立時間與「神戶中華同文學校」確保左傾路線時間都是一九五八年。因此，可以說是一九五〇年代後期，整體神戶華僑社會確定了左傾路線。「神戶中華同文學校」在一九五七年至一九五八年排除中華民國政府的「干涉」重建學校時，中國大陸出身的華僑陳德仁扮演重要角色，他也是「神戶中華青年會」的創辦人，學校取得財團法人資格後，就任董事長領導學校。另外，臺灣出身的華僑在學校重建上也扮演重要角色，一九四七年臺灣出身的華僑成立「華僑文化經濟協會」，以此為中心臺灣出身者積極展開支持中華人民共和國

---

[51] 李萬之，〈我和神戶中華同文学校〉，收錄於：陳德仁編，《学校法人神戶中華同文学校八十周年紀念刊》（神戶：学校法人神戶中華同文学校理事会，一九八四），頁296-297。

[52] 神戶中華同文學校編作，〈學校法人神戶中華同文學校大事記（一九五九年～一九八三年）〉，頁246。

的活動。「華僑文化經濟協會」會長陳義方在一九四七年至一九五五年間擔任「神戶中華同文學校」的副董事長，財團法人化後一九五九年至一九七一年間擔任理事。王昭德（一九五五－一九五八理事長，一九五九－一九六一理事）、鄭義雄（一九五八－一九七二副理事長）、李義招（一九五九－一九六九理事），王記（一九五九－一九六一理事，一九六九－一九七一監事）、陳舜臣（一九七三－一九七九副理事長）等人，都是臺灣出身華僑。[53]

「神戶中華同文學校」左傾化對神戶華僑社會穩定發展為親中華人民共和國華僑社會扮演非常重要功能。華僑子弟就學於「神戶中華同文學校」，華僑的第二代、第三代皆可以形成自己為華僑的認同外，亦可培養對中華人民共和國的認同。因此，神戶華僑社會可以透過「神戶中華同文學校」穩定培養出親中華人民共和國的新世代華僑，可以順利維持親中華人民共和國的華僑社會。

一九七二年「中日斷交」，日本與中華人民共和國正式建立外交關係後，「神戶

[53] 王柏林，〈神戸の華僑社会に生涯を捧げた教育者──李萬之〉，收入於：神戸華僑華人研究会，《神戸と華僑──この150年の歩み》（神戶：神戸新聞社総合出版センター，二〇〇四），頁88；陳德仁編，〈歷代理事・評議員・監事・教職員名錄〉，收入於：陳德仁編，《学校法人神戸中華同文学校八十周年紀念刊》（神戶：学校法人神戸中華同文学校理事会，一九八四），頁27-29。

中華同文學校」與中華人民共和國的關係，更加密切。一九七三年中華人民共和國的工人代表團、中日友好訪問團訪問「神戶中華同文學校」，其後中華人民共和國團體或重要人士有活動來到日本時，通常都會訪問「神戶中華同文學校」。例如：中華人民共和國展覽團（一九七四）、中國羽毛球代表隊團長即為翻譯員（一九七四）、天津青年足球隊全體隊員（一九七五）、政協全國委員副秘書長楊斯德（一九七八）、人大常務委員會委員陳逸松夫婦（一九八〇）、中國中央廣播電臺（一九八〇）、中國近代史學者訪日代表團（一九八一）、廣東省經濟技術友好考察團（一九八二）、天津市衛生局局長趙藝一（一九八三）等。[54]

「神戶中華同文學校」禮堂也成為神戶華僑辦理團體活動的重要場所。一九七四年起，「神戶華僑聯誼會」為了慶祝中華人民共和國的國慶，每年九月份利用「神戶中華同文學校」禮堂辦理國慶紀念儀式，也一同舉辦運動大會或晚會。一九七六年一月，在禮堂舉辦了「周恩來總理追悼會」約七百多人華僑參加。同年九月，也舉辦了「毛澤東主席追悼會」。此外，「神戶中華同文學校」與「橫濱山手中華學校」的交

[54] 神戶中華同文學校編作，〈學校法人神戶中華同文學校大事記（一九五九年～一九八三年）〉，頁246-264。

流也非常密切，「橫濱山手中華學校」的參觀團定期訪問「神戶中華同文學校」進行交流。[55]一九九八年起，「神戶中華同文學校」的中學畢業旅行地點改為北京。[56]

二、學校現況

「神戶中華同文學校」的地址為，兵庫県神戶市中央區中山手通6丁目9-1。教育宗旨為「通過華文教育，旨在培養華僑、華人子弟正確地瞭解中國的各種知識，在尊師愛友，刻苦進取的優良校風中成為德、智、體全面發展的三好學生，並於將來為中日友好事業做出貢獻」。校訓為「團結友愛，互敬互助」。[57]

「神戶中華同文學校」由小學部與中學部所構成，實施9年一貫教育。學制為三學期制，四月至七月為第一學期，九月至十二月為第二學期，一月至三月為第三學

55 神戶中華同文學校編作，〈學校法人神戶中華同文學校大事記（一九五九年～一九八三年）〉，頁246-264。

56 神戶中華同文學校，〈學校沿革概要〉，《二〇一四年度學校簡介》，（神戶：學校法人神戶中華同文學校，二〇一四）。

57 「神戶中華同文學校」網站，網址：http://www.tongwen.ed.jp/gaiyou/koukun.html，瀏覽日期：二〇二〇年十月十四日。

期。[58]小學部教育課程如表7，「日語」以外幾乎都是中文授課的科目。「算數」使用學校教師翻譯日本教科書為中文的課本，「生活」、「自然」、「社會」是教師翻譯中文的講義為主，日本教科書當作副教材來進行上課。[59]

「神戶中華同文學校」介紹小學部課程時，特別說明如下：

與日本學校不同，原則上使用的語言、教科書、講義都是中文。「日語」科目站在學習正確的日本語教育之觀點，教師使用日本語授課。二〇〇一年度開始小學部四年至六年，實施每週1小時的外籍老師授課英語會話課，亦努力推動英文教育。小學部在校內使用的主要語言是中文，一併學習正確的日語與英文，從小開始接受成為國際人時所需要的多語言教育，學童也可以自然修習中文與日文雙語。[60]

58 「神戶中華同文學校」網站，網址：http://www.tongwen.ed.jp/seikatsu/nenkan.html，瀏覽日期：二〇二〇年十月十四日。一九五四年，「神戶中華同文學校」學制改為春季學年度開始，三月開學；一九七四年改為四月開學，並改為3學期制。參考神戶中華同文學校編作，〈學校法人神戶中華同文學校大事記（一九五九年〜一九八三年）〉，頁246-247。

59 神戶中華同文學校，〈教育課程（二〇一四年度）〉，《学校紹介二〇一四年度》（神戶：學校法人神戶中華同文學校，二〇一四），頁3。

60 「神戶中華同文學校」網站，網址：http://www.tongwen.ed.jp/kyoiku/curriculum_sho.html，瀏覽日期：二〇二〇年十月十四日。

表7　神戶中華同文學校小學部教育課程（2020年）

	科目名稱	一年級	二年級	三年級	四年級	五年級	六年級
使用中文學習	語文	8	8	7	7	7	7
	聽說	4	3	3	3	2	2
	算術	4	5	5	5	6	6
	自然			3	2.5	3	3
	生活	2	2				
	社會			3	2.5		
	地理					2	
	歷史						2
	音樂	2	2	2	2	2	2
	美勞	2	2	2	2	2	2
	體育	3	3	3	3	3	3
	書法			1	1	1	1
使用日語學習	日語	2	3	3	3	3	3
	英會				1	1	1
	班會					1	1
	module	1	1	1	1	1	1
	每週時數	28	29	33	33	34	34

資料來源：「神戶中華同文學校」網站，網址：http://www.tongwen.ed.jp/kyoiku/curriculum_chu.html，瀏覽日期：2020年10月14日。

註：使用語言的分類主要依據2014年7月，筆者訪問「神戶中華同文學校」時取得的資料。

由此可以看出，「神戶中華同文學校」小學部非常重視語言教育，希望將學生培養為精通中文、日文的人才，也正加強英文教育。

「神戶中華同文學校」的中學部教育課程如表8，中文授課科目減少許多，大幅度提高了日文授課科目，屬於民族教學科目的「語文」、「中國地理」、「中國歷史」使用自編教科書以外，其他全使用日本公立中學相同的教科書。[61]

中學部的日文教學科目大幅增加的主要原因為，「神戶中華同文學校」沒有高中部，中學部畢業後，學生都必須轉到日本高中升學。「神戶中華同文學校」中學部課程介紹如下：

中文為基礎的科目之學習也很重要，為日本高中升學所需要的5科也很充實。因此，中文相關的科目比起小學部減少許多。在修課方面，應當中學三年履修的課，在中學三年第二學期即完成，這是該校的特色之一。該校的畢業生幾乎都到日本高中升學，中國文化等以讀寫的方式學習，這也是該校的特色之一，但該校的教育目標是，實施因應日本社會學習環境之教學，將來可以培養連接中國與日本、中國與世界的國

61 神戶中華同文學校，〈教育課程（二〇一四年度）〉，頁3。

表8　神戶中華同文學校中學部教育課程（2020年）

	科目名稱	一年級	二年級	三年級
使用中文習	語文	6	6	5
	中國地理	3		
	中國歷史		3	
使用日語學習	日語	4	4	4
	日本社會	3	3	4
	數學	4	3	5
	理科	3	4	4
	保健體育	2	2	2
	美術	1	1	1
	音樂	1	1	1
	技術家庭	2	2	2
	德育			1
	英語	4	4	4
	班會	1	1	1
	module	1	1	1
	每週時數	35	35	35

資料來源：「神戶中華同文學校」網站，網址：http://www.tongwen.ed.jp/kyoiku/curriculum_chu.html，瀏覽日期：2020年10月14日。

註：使用語言的分類主要依據2014年7月，筆者訪問「神戶中華同文學校」時取得的資料。

際人才。[62]

由此可以看出，中學部雖也沒有放棄中文教育，但更重視的是畢業生能夠順利升學至日本高中，適應日本高中的學習環境。另外，小學部一年級為3班以外其他年級各有2班，中學部皆為各年級2班。

有關傳統文化教育方面，以課程而言，主要透過小學部與中學部的「音樂」、「美術」、「體育」、「技術家庭」課實施，例如學習民族音樂、書法、水墨畫、剪紙、太極拳、中國家常菜烹飪等。[63]此外，也透過社團「民族舞蹈部」、「民族樂器部」，以及「舞獅隊」活動來培養對中國傳統文化的認識。

「神戶中華同文學校」的學生人數最多時期為一九五九年一千一百零四人，但一九九〇年代後學生人數一直維持在六百多人。二〇二〇年「神戶中華同文學校」的學生人數為小學部四百七十人，中學部一百九十五人，總共六百六十五人。中學部人數

62 「神戶中華同文學校」網站，網址：http://www.tongwen.ed.jp/kyoiku/curriculum_chu.html，瀏覽日期：二〇二〇年十月十四日。

63 「神戶中華同文學校」網站，網址：http://www.tongwen.ed.jp/kyoiku/index.html，瀏覽日期：二〇二〇年十月十四日。

相對小學部減少許多。[64]由此可知，有些學生小學畢業後，也轉到日本中學，並不是所有小學部畢業的學生繼續升學至中學部。學生的國籍而言，約70％是具有中國血統的華人，約20％來自中國大陸，約10％為純粹日本人。[65]二〇二〇年教師人數為專任三十五人、兼任十三人，共四十八人。

64 神戶中華同文學校110週年校慶慶祝委員會，《學校法人神戶中華同文學校建校110週年紀念冊》，（神戶：學校法人神戶中華同文學校，二〇一〇），頁283。

65 根據二〇一四年筆者訪問「神戶中華同文學校」時所獲得的資訊。二〇一四年「神戶中華同文學校」的學生人數為，小學部四百七十三人，中學部二百二十人，總共六百九十三人。比起二〇一四年統計，二〇二〇年學生人數減少二十八名，減少的學生都是中學部學生。

神戶中華同文學校

神戶中華同文學校

第五節　東京中華學校

一八九九年，梁啟超的主導下創立了「東京高等大同學校」，這是在東京地區設立的第一所華僑學校。當時橫濱與神戶華僑學校陸續開設，深刻感覺到有必要設立上級學校，鄭席儒、曾卓軒等十二人華僑聯署提議設立「東京高等大同學校」。[66]由梁啟超擔任校長，日本人柏原文太郎擔任幹事，與橫濱「大同學校」學生之間的交流也很頻繁。該校教材中包括了許多歐美自由平等天賦人權說，培養許多傑出的革命人士。[67]但面臨財政危機，由柏原文太郎向日本政黨募集資金，將校名更改為「東亞商業學校」，但又陷入經營困難，引渡給清政府，校名再次更改為「清華學校」[68]，後來又停辦。

一、學校發展與沿革

一九二九年，另一群華僑在東京創設了新的華僑學校，命名為「東京華僑學校」，此校為現「東京中華學校」的前身。「東京華僑學校」講堂只有一個，學生人

66 中華会館編，《落地生根—神戶華僑與神阪中華会館百年史》，頁108。
67 西村俊一，《現代中国と華僑教育》，頁343。
68 張澤崇，〈日本華僑學校之研究〉，頁51-52。

數約二十人。一九三〇年二月，「東京華僑學校」開設成人僑胞補習班，學生人數二十二人。一九三〇年十月，取得東京府的許可，一九三一年亦取得了中華民國教育部認可。但一九三一年由於九一八事變爆發，回國華僑增加而導致校務中斷。後來由於華僑人數的恢復，一九三五年一月，為建設學校校舍而開始募款，九月購買豐島區長崎南町1丁目1801番地的土地，開始建設校舍，十二月校舍完工。一九三六年三月，將校名更改為「東京華僑小學校」。一九三七年因中日戰爭的爆發，教職員陸續回國而學校關閉。一九四五年五月，校舍遭到轟炸而全燒毀。[69]

一九四六年六月，「東京華僑聯合會」成立後，借用中央區昭和小學校舍開始上課，校名更改為「東京中華學校」，4個班級，學生約一百六十人。同年九月，正式成立小學部，中文教育根據熟練程度分為5班。同月，亦成立董事會由獲得「東京華僑聯合會」推薦的曹嘉修就任董事長，包象寅就任校長。一九四七年六月，取得中華民國僑務委員會頒發的僑民學校立案證明；九月，小學部開始實施6年制。一九五一年六月，取得財團法人資格，「財團法人東京中華學校」獲得日本政府認可。一九五

[69] 学校法人東京中華学校，《東京中華学校八十年の歩み》（東京：学校法人東京中華学校，二〇〇九），頁23-24。

三年四月，新學年的開始修訂為四月，與日本學校制度一致化。[70]

如前所述，一九五二年在橫濱爆發「學校事件」，中華民國政府為了不再發生相同狀況，事先做好齊全的準備，接受了「東京中華學校」。嚴密的事先準備，慎重處理為基本原則，一九五三年介入學校人事權，一九五六年底重新改編理事會等，逐漸接受學校，成功完成「從學校驅逐共匪勢力」。在此過程中，寧波同鄉會與浙江幫給予絕對的支援。[71]

校舍因空襲燒毀後，「東京中華學校」的當務之急就是建設新校舍。一九四六年董事會成立後，為新校舍的建設而開始募款，一九四八年一月購買東京都千代區5番町14番地1號（現「國際中正會館」）的土地，十月校舍竣工。為了確保學校用地連接為一體，持續增購鄰接5番町14番地3號與4號土地。一九五七年十二月，開始修建第二期新校舍，一九五八年七月落成。[72]

70 学校法人東京中華学校，《東京中華学校八十年の歩み》，頁24-26。

71 친라이코（陳來幸），〈재일타이완인과 전후 일본화교사회의 좌경화〉친라이코（陳來幸），〈재일타이완인과 전후 일본화교사회의 좌경화〉，收錄於송승석、이정희 엮음，《동남아화교와 동북아화교 마주보기》（首爾：학고방，二〇一五），頁375-376。

72 学校法人東京中華学校，《東京中華学校八十年の歩み》，頁26-29。

「東京中華學校」比起其他華僑學校，在經營學校方面最大特色是，為了學校經營的穩定，建設商業大廈，以此租金補充學校經費。在日本經營華僑學校時，所面臨的最大問題是財政不足。華僑學校的財政來源是理監事、評議員的捐款、學費與中華民國政府的補助等。「東京中華學校」靠上述來源，仍不足以維持學校經營，財政日趨緊迫。為了改善長期財政不足的危機，「東京中華學校」決定將學校用地的一部分建設商業大廈，以此租金收入來補充財政不足。因此，一九八三年，全面改建學校校舍，在校園西側建設了13樓的大樓「國際中正會館」，一九八四年新校舍與「國際中正會館」落成，完成現在化校舍。「國際中正會館」出租給日本的企業，此租金收入就成為穩定經營的經費來源。[73]

另外，二〇〇七年，「東京中華學校」向東京都提出學校法人認可申請，二〇〇八年取得學校法人資格。

二、學校現況

「東京中華學校」位於東京都千代田區五番町14番地，由小學部、中學部、高中

73 学校法人東京中華学校，《東京中華学校八十年の歩み》，頁27、31。

部所構成，校訓為「仁愛忠恕」。如圖3所示，「東京中華學校」如同其他華橋學校由理事會掌握了經營權，但家長會與校友會也可以對學校教育、營運提出意見。

「東京中華學校」的教育方針如下：

> 繼承中華文化特質，以「孝順父母，敬愛師友」之倫理道德來陶冶學生高尚情操，著重中、日、英三種語文教學，建立小、中、高完整一貫制基礎教育系統。使學生能在近代多元化國際社會中，擁有優越能力及強烈自信心，立足日本活躍國際。[74]

行為舉止方面，重視中華文化特有的倫理道德「孝順父母，敬愛師友」，注重運用中、日、英三種

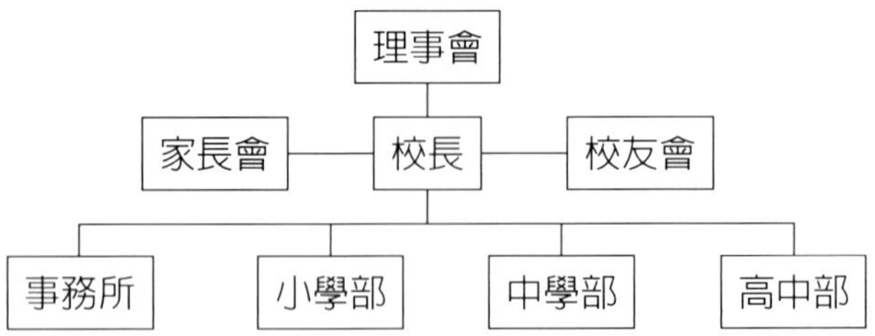

圖3　東京中華學校組織圖

資料來源：学校法人東京中華学校，〈東京中華學校學校簡介〉（東京：学校法人東京中華学校，出版年不詳），頁4。

74 学校法人東京中華学校，〈東京中華學校學校簡介〉（東京：学校法人東京中華学校，出版年不詳），頁5。

語文來進行教育。因此，「東京中華學校」辦學理念為以下三個：一、注重語文學習效果：以華文教學為主，同時重視日、英文教學。二、傳承中華優良文化：注重倫理道德教育，培養「孝順父母，敬愛師友」。三、提高畢業班升學率：重視學生學業成績，經由小、中、高一貫完整課程，考上理想學校。[75]因此，「東京中華學校」非常重視中、日、英語學習，倫理道德培養，除此之外，也非常重視學生畢業後的升學。

小學部教學目標如下：以中文教學為主，使用傳統正體字及中華民國教育部指定教科書，畢業時認識常用標準國字2,100字，達成「聽、說、讀、寫」之中文基礎能力。同時使用日本日文教科書教學，使學生同時具備日本義務教育之水準。[76]因此，小學部的教育課程主要以中文教學科目占大多數，小學一年級而言，只有「日文」與「英語會話」以外，其他科目都中文授課。（參考表9）。

「東京中華學校」的中學部與高中部重視在日本的升學率，使用中文與日文教科書進行上課。中學部與高中部的教育目標如下：對於在日本進入優良高中及大學為目

75 学校法人東京中華学校，〈東京中華學校學校簡介〉，頁6；「東京中華學校」網站，網址：https://tcs.or.jp/about/our-objectives/，瀏覽日期：二〇二〇年十月十五日。

76 学校法人東京中華学校，〈東京中華學校學校簡介〉，頁7；「東京中華學校」網站，網址：https://tcs.or.jp/about/our-objectives/，瀏覽日期：二〇二〇年十月十五日。

標的學生，將會讓他具備相應的學習能力；對於回國升學為目標的學生，加強實用中文的學習，協助學生順利返國學習。[77]但查看中學部的教育課程，可知主要以日文教學科目為主，中文教學科目很少，「中文」、「作文」、「中國社會」、「英文」、「英語會話」，以外每週39時數中24小時為日文教學科目，占61.5％，中文教學科目之時數僅占25.6％。（參考表10）

高中部的中文授課的科目僅剩下「中文」與傳統文化「舞龍、舞蹈」，占總時數的15.4％。（參考表11）由此可知，高中部的教學主要以在日本進入大學為目標。

就學生國籍而言，二〇〇〇年，小學、中學、高中部三百四十七人之中，中華民國國籍者最多，占40.4％，其次為日本國籍者34.3％，中華人民共和國國籍者21％。全校學生中，父母皆未具有臺灣或中國背景的純粹日本人學生共二十一名，占6％。此外，包含馬來西亞籍以及美國籍等在內，中國、臺灣背景的學生佔94％。[78]

根據二〇一二年的統計，日本國籍者的學生增加的現象十分醒目，全校三百三十

---

77 学校法人東京中華学校，〈東京中華學校學校簡介〉，頁7；「東京中華學校」網站，網址：https://tcs.or.jp/about/our-objectives/，瀏覽日期：二〇二〇年十月十五日。

78 二〇〇〇年七月筆者訪問「東京中華學校」時所取得之資料。

九名學生中，超過半數57.2％的學生為日本國籍。[79]父母無任何一方是臺灣或中國背景的純粹日本人增加幅度最大，劉劍城校長指出，全校學生三百四十七人之中，純粹日本人有10－15％，現在仍處於增加的趨勢。[80]另外，劉劍城校長指出，純粹日本人學生增加的原因，在於日本社會對於中文學習的關心逐漸高漲的緣故。[81]

隨著純粹日本人的增加，「東京中華學校」學生的出身背景變得更為多樣化。二〇一二年，「東京中華學校」中，包括歸化日本籍的老華僑的子女、一九九〇年代後從中國或臺灣移民赴日定居的子女、純粹日本人，甚至還有英國、美國、加拿大、韓國、新加坡、馬來西亞、菲律賓等各種國籍的學生，出身背景變得十分多元。

79 舘奈保子，〈第二章東京中華學校〉，收錄於：大阪大學未來戰略機關第五部門，《「外国人学校」の社会学―「往還する人々」の教育戦略を軸に》（大阪：大阪大學未來戰略機關第五部門，二〇一三），頁196。

80 二〇一四年七月二日，筆者對「東京中華學校」劉劍城校長的訪談。

81 二〇一四年七月二日，筆者對「東京中華學校」劉劍城校長的訪談。

表9　東京中華學校小學部教育課程

	科目名稱		一年級	二年級	三年級	四年級	五年級	六年級
使用中文學習	中文	中文	9	9	9	9	7	7
		作文					2	2
	算數		4	4	5	5	5	5
	理科				3	3	3	3
	社會（中文教科書）						2	2
	音樂		2	2	2	2	1	1
	體育		2	2	2	2	2	2
	習字			1	1	1		
	圖工		2	2	2	2	1	1
	家庭						1	1
	資訊					1	1	1
	綜合活動				1	1	1	1
使用日語學習	日文		5	5	5	5	4	4
	社會（日本教科書）						2	2
	英文						2	2
	英語會話		2	2	2	2	1	1
	生活		2	2				
	每週時數		28	29	32	33	35	35

資料來源：学校法人東京中華学校，〈東京中華學校學校簡介〉（東京：学校法人東京中華学校，出版年不詳），頁9。2014年7月筆者訪問東京中華學校學校時，獲得的資料。

註：使用語言的分類主要依據2014年7月筆者訪問東京中華學校學校時，獲得的資訊。

表10　東京中華學校中學部教育課程

<table>
<tr><th></th><th colspan="2">科目名稱</th><th>一年級</th><th>二年級</th><th>三年級</th></tr>
<tr><td rowspan="4">使用中文學習</td><td rowspan="2">中文</td><td>中文</td><td>5</td><td>5</td><td>5</td></tr>
<tr><td>作文</td><td>2</td><td>2</td><td>2</td></tr>
<tr><td colspan="2">中國社會</td><td>3</td><td>3</td><td>3</td></tr>
<tr><td colspan="2">傳統文化</td><td>1</td><td>1</td><td>1</td></tr>
<tr><td rowspan="14">使用日語學習</td><td colspan="2">日文</td><td>5</td><td>5</td><td>5</td></tr>
<tr><td colspan="2">數学</td><td>5</td><td>5</td><td>5</td></tr>
<tr><td colspan="2">生活</td><td></td><td></td><td></td></tr>
<tr><td colspan="2">理科</td><td>3</td><td>3</td><td>3</td></tr>
<tr><td colspan="2">日本社會</td><td>3</td><td>3</td><td>3</td></tr>
<tr><td colspan="2">音樂</td><td>1</td><td>1</td><td>1</td></tr>
<tr><td colspan="2">體育</td><td></td><td></td><td></td></tr>
<tr><td colspan="2">習字</td><td></td><td></td><td></td></tr>
<tr><td colspan="2">美術・工藝</td><td>1</td><td>1</td><td>1</td></tr>
<tr><td colspan="2">家庭</td><td>1</td><td>1</td><td>1</td></tr>
<tr><td colspan="2">資訊</td><td>1</td><td>1</td><td>1</td></tr>
<tr><td colspan="2">英文</td><td>4</td><td>4</td><td>4</td></tr>
<tr><td colspan="2">英會話</td><td>1</td><td>1</td><td>1</td></tr>
<tr><td colspan="2">綜合活動</td><td>1</td><td>1</td><td>1</td></tr>
<tr><td></td><td colspan="2">每週時數</td><td>39</td><td>39</td><td>39</td></tr>
</table>

資料來源：学校法人東京中華学校，〈東京中華學校學校簡介〉（東京：学校法人東京中華学校，出版年不詳），頁9。2014年7月筆者訪問東京中華學校學校時，獲得的資料。

註：使用語言的分類主要依據2014年7月筆者訪問東京中華學校學校時，獲得的資訊。

		學年	一年級	二年級		三年級	
		科目名稱		文組	理組	文組	理組
	地理歷史	世界史A	3				
		世界史B				3	
		地理A		3			
		地理B				3	
		日本史A					
		日本史B				3	
	公民	現代社會	2	2			
	保健體育	體育	2	2		2	
		美術		2			
	家庭	家庭基礎	2				
	情報	情報	2				
	外國語	溝通英語Ⅰ	4				
		溝通英語Ⅱ		4			
		溝通英語Ⅲ				4	
		英語表現Ⅰ				2	
		英語會話	2	2			
	演習					1	
	每週時數		39	39	39	34	34

資料來源：学校法人東京中華学校，〈東京中華學校學校簡介〉（東京：学校法人東京中華学校，出版年不詳），頁10。2014年7月筆者訪問東京中華學校學校時，獲得的資料。

註：使用語言的分類主要依據2014年7月筆者訪問東京中華學校學校時，獲得的資訊。

表11　東京中華學校高中部教育課程

<table>
<tr><td></td><td></td><td>學年</td><td>一年級</td><td colspan="2">二年級</td><td colspan="2">三年級</td></tr>
<tr><td></td><td></td><td>科目名稱</td><td></td><td>文組</td><td>理組</td><td>文組</td><td>理組</td></tr>
<tr><td rowspan="2">使用中文學習</td><td>中文</td><td>中文</td><td>5</td><td colspan="2">5</td><td colspan="2">5</td></tr>
<tr><td>傳統文化</td><td>舞龍、舞蹈</td><td>1</td><td colspan="2">1</td><td colspan="2">1</td></tr>
<tr><td rowspan="16">使用日語學習</td><td rowspan="5">日文</td><td>日語綜合（包括古典）</td><td>5</td><td colspan="2"></td><td colspan="2"></td></tr>
<tr><td>日語表現Ⅰ</td><td></td><td colspan="2">2</td><td colspan="2"></td></tr>
<tr><td>日語表現Ⅱ</td><td></td><td colspan="2"></td><td colspan="2">2</td></tr>
<tr><td>現代文ⅠⅡ</td><td></td><td colspan="2">5<Ⅰ></td><td colspan="2">5<Ⅱ></td></tr>
<tr><td>現代文A（推薦校小論文）</td><td></td><td colspan="2"></td><td>3</td><td></td></tr>
<tr><td rowspan="4">數學</td><td>數學Ⅰ・A</td><td>5</td><td></td><td></td><td></td><td></td></tr>
<tr><td>數學Ⅱ・B</td><td></td><td>5</td><td>5</td><td></td><td></td></tr>
<tr><td>數學Ⅲ</td><td></td><td></td><td></td><td></td><td>5</td></tr>
<tr><td>數學C</td><td></td><td></td><td></td><td></td><td>1</td></tr>
<tr><td rowspan="7">理科</td><td>物理、化學基礎</td><td>2</td><td colspan="2"></td><td colspan="2"></td></tr>
<tr><td>生物Ⅰ</td><td>4</td><td colspan="2"></td><td colspan="2"></td></tr>
<tr><td>生物Ⅱ</td><td></td><td colspan="2"></td><td></td><td>3（選修）</td></tr>
<tr><td>化學Ⅰ</td><td></td><td colspan="2">3</td><td colspan="2"></td></tr>
<tr><td>化學Ⅱ</td><td></td><td colspan="2"></td><td></td><td>3</td></tr>
<tr><td>物理Ⅰ</td><td></td><td colspan="2">3</td><td colspan="2"></td></tr>
<tr><td>物理Ⅱ</td><td></td><td colspan="2"></td><td></td><td>3（選修）</td></tr>
</table>

東京中華學校旁邊的國際中正會館。

東京中華學校內景

第六節　大阪中華學校

在大阪地區設立的第一個華僑學校為一九三〇年成立的「大阪中華北幫公所附設振華小學校」。此學校由北幫公所理事馬敏鄉所創立，從中國聘請兩位教師，約七十七名學生以北京語接受教育，該學校的營運經費全由北幫公所負擔。後來由於第二次世界大戰時受到破壞而停校。[82]

一、學校發展與沿革

一九四六年四月，因應華僑界及日韓青年的要求，在大阪設立了小學部兼辦華語、英語兩專修科的華僑學校，校舍租用「本田國民學校」的教室，暫定校名為「關西中華國文學校」。[83]由劉德雲擔任第一任理事長，聘陳容就任第一任校長。當時正規小學部教育以外，亦有設立學習中文與英文的專修科，總共約二百人學生中，半數

82　西村俊一，《現代中国と華僑教育》，頁343-344。

83　學校法人大阪中華學校，〈本校沿革〉，《二〇〇八年度畢業紀念》（大阪：學校法人大阪中華學校，二〇〇九），頁1。

以上是學習中文與英文為目的的日本人與韓國人。[84]

一九四六年七月，專修科逐漸減少，小學部學生增加至約二百六十人，自小學一年級至六年級，按中文程度分成6級上課。十月，由阪神僑務分處主任劉曾華，重組理事會，正式命名為「大阪中華學校」。一九四七年四月，正式取得中華民國僑務委員會頒發的僑校立案證書。[85]

一九四八年八月，由於小學部人數增加，需要進階的教育，因此增設中學部一班。一九五〇年秋季，中學部已有一、二、三年級。[86]一九五三年三月，組織建設委員會籌建校舍，購買現校地為校舍用地。同年四月一日起，施行春季始業；六月，中華民國僑務委員會准許立案登記為「大阪中華初級中學」及「大阪中華初級中學附屬小學」。一九五五年七月，新校舍破土開工，一九五六年四月八日，開始在新校舍上課。同年「大阪中華學校」名稱在大阪府登記。一九六〇年七月，正式取得「大阪府準學校法人」資格。一九六七年四月一日，創設幼稚園，一九六八年增設中國語文專修部。一九九五年六月九日，學校資格由「準學校法人大阪中華學校」升格為「學校

84 臧廣恩、蔣永敬編著，《日本華僑教育》（臺北：海外出版社，一九五九），頁42。
85 學校法人大阪中華學校，〈本校沿革〉，頁1。
86 臧廣恩、蔣永敬編著，《日本華僑教育》，頁42。

法人大阪中華學校」。[87]

二、學校現況

「大阪中華學校」位於大阪市浪速區敷津東1丁目8番地13號，由幼稚園、小學部與中學部所構成。校訓是「禮義廉恥」，主要教育方針是：一、發揚民族精神。二、促進日華親善。三、充實生活知能。四、培養科學知識，並落實中、日、英三語並重，做一個對社會有貢獻的人。學校組織如圖3，如同其他華僑學校主要由理事會掌握經營權。[88]學制為一學年度三學期制，四月至七月為第一學期、九月至十二月為第二學期、一月至三月為第三學期。[89]

小學部主要以中文養成課程為主，「國語」、「作文」、「習字」、「中國社會」、「體育」等大多數是中文授課的科目，日文授課科目只有「日語」、「日本社會」、「自然（理科）」、「音樂」。（參考表12）小學一、二年級而言，每週學

87 學校法人大阪中華學校，〈本校沿革〉，頁1-2。

88 「大阪中華學校」網站，網址：http://www.ocs.ed.jp/annai.html，瀏覽日期：二〇二〇年十月十六日。

89 「大阪中華學校」網站，網址：http://www.ocs.ed.jp/nenkangyouji.html，瀏覽日期：二〇二〇年十月十六日。

習時數24小時中，日文授課時數僅有8小時，占33％；小學三、四年級日文授課時數雖增加為9小時，但每週上課時數增加為29小時，因此日文授課的時數比例反而減少為31％；小學五、六年級日語授課時數更增加為11小時，占34％（11／32）。

「大阪中華學校」中學部注重的是畢業後進入日本高中，以100％的升學率考取一流高中為目標。[90]因此，中學部日文授課的科目大量增加，而中文授課的科目大量減少。中學部一、二年級的使用中文學習科目減少為共34時數中8小時，占23.5％；升到三年級使用中文學習的科目更減少為4小時，占11.8％。換言之，中學部三年級88.2％使用日文教學。（參考表13）

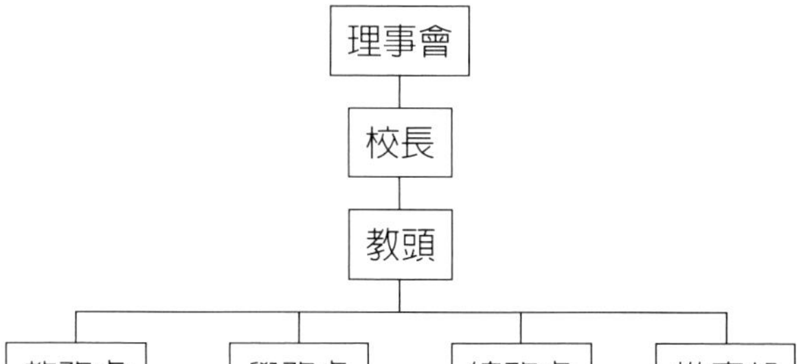

圖3 大阪中華學校組織圖

資料來源：學校法人大阪中華學校，〈中學部用学校案內二〇一四〉（大阪：學校法人大阪中華學校，二〇一四）。

[90] 「大阪中華學校」網站，網址：http://www.ocs.ed.jp/risyuu.html，瀏覽日期：二〇二〇年十月十六日。

表12　大阪中華學校小學部教育課程（2020）

	科目名稱		一年級	二年級	三年級	四年級	五年級	六年級
使用中文學習	國語		7	7	5	5	5	5
	作文		-	-	2	2	2	2
	習字		-	-	-	-	1	1
	數學		3	3	4	4	5	5
	中社		-	-	2	2	1	1
	電腦		0.5	0.5	0.5	0.5	1	1
	體育		2	2	1.5	1.5	1.5	1.5
	健康		-	-	0.5	0.5	0.5	0.5
	圖工	美術	2	2	1	1	1	1
		勞作			1	1	1	1
	綜合活動		0.5	0.5	0.5	0.5	1	1
	英語		1	1	1	1	2	2
使用日語學習	日語		4	4	5	5	5	5
	日社		-	-	-	-	2	2
	自然（理科）		2	2	2	2	2	2
	音樂		2	2	2	2	1	1
	每週時數		24	24	29	29	32	32

資料來源：「大阪中華學校」網站，網址：http://www.ocs.ed.jp/risyuu.html，瀏覽日期：2020年10月16日。

註：使用語言的分類基於2014年7月筆者訪問「大阪中華學校」時，獲得的資訊。

表13　大阪中華學校中學部教育課程及每週上課時數（2020）

學年		一年級	二年級	三年級
授業週數		41	41	41
使用中文學習	公民	1	1	-
	國文（包括作文）	5	5	4
	歷史	1	1	-
	地理	1	1	-
	電腦	1	1	1
使用日語學習	日語	4	4	5
	社會	4	4	4
	數學	4	4	5
	理科	4	4	5
	英語	4	4	5
	音樂	1	1	1
	技術．家庭	1	1	1
	保健．體育	2	2	2
	美術	1	1	1
每週授課時數		34	34	34

資料來源：「大阪中華學校」網站，網址：http://www.ocs.ed.jp/risyuu.html，瀏覽日期：2020年10月16日。

註：使用語言的分類參考，學校法人大阪中華學校，〈中學部用学校案內二〇一四〉（大阪：學校法人大阪中華學校，二〇一四）。

小學部的教科書，日語教學科目「日語」、「日本社會」、「自然（理科）」、「音樂」使用在日本出版的教科書，其他科目使用在臺灣出版的教科書。[91]中學部也是日語教學科目「日語」、「社會」、「數學」、「理科」、「音樂」、「保健・體育」、「技術・家庭」、「英語」使用在日本出版的教科書。[92]

二〇〇〇年全校學生人數減少到一百一十二人，但其後學生人數趨於增加趨勢，二〇一四年增加為二百五十四人。然而，學生人數增加主要是依賴小學部學生的增加，一九九八年小學部共有七十六人，但二〇一四年增加到一百九十一人，人數增加

91 「日語」使用《新しい国語》（東京書籍），「日本社會」使用《小学社会》（日本文教出版），「理科」使用《わくわく理科》（啟林館），「音樂」使用《小学生の音楽》（教育芸術社）。參考：「大阪中華學校」網站，網址：http://www.ocs.ed.jp/gakkounaiyou.html，瀏覽日期：二〇二〇年十月十六日。

92 「日語」使用《国語》（光村図書），「社會」科目中1使用《中学生の地理》（東京書籍）、中2使用《中学社会歴史的分野》（日本文教出版）、中3使用《新しい社会公民》（東京書籍），「數學」使用《未来へひろがる数学》（啟林館），「理科」使用《未来へひろがるサイエンス》（啟林館），「音樂」使用《中学生の音楽》（教育芸術社），「保健・體育」使用《新中学保健体育》（学研），「技術・家庭」使用《技術家庭》（開隆堂），「英語」使用《Sunshine》（開隆堂）。參考：「大阪中華學校」網站，網址：http://www.ocs.ed.jp/gakkounaiyou.html，瀏覽日期：二〇二〇年十月十六日。

了2.5倍。中學部自一九九八年三十二人，二〇一四年增加了四十三人，增加幅度不高。二〇二〇年五月一日現在，中學部共有四十六人，小學部共有一百八十五人，幼稚班共有十六人，全校學生人數總共二百四十七人。[93]

另外，近年來學生的來源也出現變化。一九九八年「大阪中華學校」的學生中父母親雙方為中國大陸出身的學生最多，占39.3％，其次為父母親雙方為臺灣出身的學生，占35％，兩者之間差距不大；第三為父母親中其中一方為臺灣出身學生，占17.9％；第四為父母親中其中一方為中國大陸出身學生，占7.7％。因此，一九九八年而言，具有臺灣背景的學生占52.9％，中國大陸背景的學生占47％。其後，父母親雙方為臺灣出身的學生持續減少，二〇一四年僅占9.8％。父母親中其中一方為臺灣出身學生雖然在一九九九年至二〇〇四間所占比例有所增加，但其後逐漸減少二〇一四年也僅占9.8％。父母親其中一方為中國大陸出身學生增加幅度最大，二〇一四年達到30.7％。父母親雙方為中國大陸出身的學生雖然減少，但幅度不大還有24％。因此，二〇一四年而言，具有中國大陸背景的學生占54.7％，具有臺灣背景的學生減少為19.6％。[94]

93　二〇一四年七月筆者訪問「大阪中華學校」時獲得的資料。

94　二〇一四年七月筆者訪問「大阪中華學校」時獲得的資料。

此外，也值得注意父母親雙方都是日本人的純粹日本人學生，一九九八年校內沒有日本人學生，但是一九九九年開始持續增加，二〇一四年占17.3％，逼近臺灣背景的學生比例。不具有中國大陸、臺灣或日本背景的外國國籍學生也自二〇〇四年開始增加，二〇一四年占8.3％。二〇一〇年代起「大阪中華學校」的學生來源非常多元化，而純粹日本人、中國大陸背景、臺灣背景、外國背景各占一定的比例。以學生國籍而言，日本國籍者最多，二〇一三年，包括老華僑歸化、歸國子女與純日本人共有一百四十六人，占57％，中華人民共和國國籍者是其次共六十二人，占24％，中華民國國籍者僅有二十六人，占10％。根據二〇二〇年的統計，仍是日本國籍的學生最多共有一百一十七人，但比例減少為47％，而中華人民共和國國籍者增加為36％，中華民國國籍者也稍微增加占13％。[95]

「大阪中華學校」比起其他華僑學校較特別的地方是，設有以一般成人與兒童為對象的「中國語文專修部」，這也成為學校穩定財政收入的重要管道。

95 二〇一四年七月筆者訪問「大阪中華學校」時獲得的資料。

大阪中華學校

神戶中華同文學校

第七節 小結

一、華僑學校在日本的法律地位與升學問題

（一）華僑學校法律地位上的限制及放寬

在日本所有華僑學校，在法律上都被分類為「各種學校」。戰後，在日本的華僑學校都登記於各地方政府取得了「學校法人」資格，但各地方政府卻未將其認定為私立學校，一般都被歸類為「各種學校」。「各種學校」雖然是類似學校教育的學校，但與日本教育制度上的學校有所不同。日本的〈學校教育法〉第一條明訂：「所謂學校係指小學校、中學校、高等學校、大學、高等專門學校、盲學校、聾啞學校、養護學校以及幼稚園」。這些學校統稱為「一條校」，華僑學校並未被列入這個範圍，與預備校（重考班、補習班等）或自動車教習所（駕訓班）一樣，被定位於「各種學校」。

「橫濱中華學院」的杜國輝前校長指出，文部科學省的判斷是，「一條校」的教學內容需要受到文部科學省所訂定的學習指導的規範；但「各種學校」不需要受到相

關規定的管制，因此畢業生並不具備足以升學大學的同等學力。[96]換言之，若華僑學校想要在教育制度上被認定為「一條校」，就必須要按照日本的文部科學省所訂定的方針實施教育。但如此一來，必須實施與日本學校相同的教育課程，等於失去了華僑學校本身的特色。

被認定為「各種學校」所受到的限制，首先就是不適用「教育扶助」相關措施。一九八一年日本通過〈難民條約加入關係法律案〉，一九八二年進一步刪除「國籍條約」後，外國人也可以接受日本政府「生活保護」的扶持。[97]中小學的教育為義務教育，國家有義務依據〈生活保護法〉，適用「教育扶助」措施，對中小學生保障「最低限度的生活」。但在「各種學校」所受的教育並不算「義務教育」的一環，因此也不適用於「教育扶助」的相關規定。[98]

此外，「各種學校」在高中與大學的升學問題上一直受到很大的限制，這才是

96 杜國輝，〈外国人学生を門前払いする国立大学と文部省の石頭〉，《論座》，第35巻（一九八九），頁152-159。

97 吉岡增雄（外），《在日外国人と日本社会──多民族社会と国籍の問題》（東京：社会評論社，一九八四），頁177。

98 吉岡增雄（外），《在日外国人と日本社会──多民族社会と国籍の問題》，頁177。

華僑學校面臨的最大的問題。首先，高中升學而言，在日本的五所華僑學校都設有中學部，「橫濱山手中華學校」、「神戶中華同文學校」與「大阪中華學校」只有中學部，沒有高中部，絕大多數中學部畢業生的志願是升學至日本的高中。華僑學校的中學部畢業生，就讀日本的高中時就會產生限制。華僑學校中學畢業生要就讀日本「私立」高中並沒有很大問題，但無法就讀「公立」高中。由於各地方政府不承認華僑學校的中學學力，無法直接升學於公立高中。必須要通過學力檢定，取得中學同等學力後才可入學於公立高中。根據「東京中華學校」的訓導主任陳柏齡教師所言，目前為止此規定也沒有改變。[99]

華僑學校的學生大學升學比高中升學面臨更大的困難，但自二〇〇〇年起華僑學校學生的大學入學方面出現變化。〈學校教育法〉第90條關於升學大學的規定中明訂：「修完高等學校或中等教育學校學業，或者完成相關學校普通課程達十二年者（包含普通課程之外之課程但與普通課程相當程度之課程），或是文部科學大臣認定具有與前述同等學力之課程者，得入學大學」。換言之，文部科學省並不承認華僑學校的高中部畢業生參加大學入學考試的資格，甚至連參加「大學入學資格檢定」的資

99 二〇一四年七月二日，筆者對「東京中華學校」訓導主任陳柏齡教師的訪談。

格都沒有。因此，華僑學校學生，若想就讀日本大學，必須在華僑中學畢業後升學日本的高中，或者在就讀高中部的時候，同時報名日本的通信制高中。然而，事實上，部份的地方公立學校與私立學校，自行認可包含華僑學校在內的外國人學校的高中部畢業生具有同等學力，承認其報考自身大學的資格。[100]杜國輝指出，早稻田、慶應、明治等私立大學與東京都立大學、橫濱市立大學、愛知縣立大學等約30所公立大學，認為外國人學校所實施的教育內容與「一條校」並無差異，因此認定華僑學校高中部畢業生具有大學入學資格，其背景與日本的少子化有關。[101]

但是，國立大學依然未承認外國人學校畢業生的大學入學資格，依舊深鎖了入學大門。雖然公、私立大學有半數以上承認華僑學校學生的入學資格，可是隸屬於文部科學省的國立大學並未改變規定。文部科學省依據〈學校教育法實行規範〉第69條4號的內容，規定參加「大學入學資格檢定」合格者具有入學大學的資格，但外國人學校的畢業生因為不屬於日本的「中學校畢業生」，所以沒有參加考試的資格。也就是說，能參加「大學入學資格檢定」的資格者，只限於就讀日本高中的學生。

---

100 裘曉蘭，《多文化社会と華僑・華人教育——多文化教育に向けての再構築と課題》，頁182-183。

101 杜国輝，〈外国人学生を門前払いする国立大学と文部省の石頭〉，頁152-159。

「橫濱山手中華學校」曾經在一九六七年至一九八七年設立過高中部，但由於高中部畢業生應徵日本大學面臨很大的困難，導致高中部入學者逐漸減少，最終廢除了高中部。「神戶中華同文學校」與「大阪中華學校」也因為高中部畢業生所面臨的大學升學問題難以解決，大部分的學生中學部畢業後轉到日本的高中，因此並未設立高中部。

華僑學校學生的日本大學入學困境持續到二〇〇〇年，一九九九年七月八日日本文部省對於外國人學校學生的日本大學之入學資格問題，提出了新的方案。其內容為「認定非（日本的）中學畢業生也具有參加『大檢』[102]考試的資格，合格者可以參加大學考試。『大檢』自二〇〇〇年八月開始實施，二〇〇一年四月開始入學」。[103]

二〇〇三年日本文部省再度調整外國人學校學生在日本就讀大學時的入學資格。同年九月，文部省公布實施〈學校教育法施行規則及其告示之部分修正案〉，其中認定了「東京中華學校」以及「橫濱中華學院」高中部畢業生的參加國立大學報考資格，同時取消了關於「大學入學資格檢定」合格之條件。[104]因此，在日本的華僑學

102 「大檢」指「大學入學資格檢定」。
103 田中宏，〈外国人学校生の大学受　門戸は開いたか〉，《世界》，第665巻（1999.9），頁26-29。
104 文部科学省：http://www.mext.go.jp/b_menu/shingi/chukyo/chukyo1/gijiroku/03101601/012.htm#1參考。（查閱時期：二〇一四年十一月十日）

校，雖然在法律上仍然屬於「各種學校」，但自二〇〇三年已經取消升學的相關規定，高中部畢業後也可以直接參加國立大學的入學考試。

（二）畢業生就讀日本大學狀況

在日本五所華僑學校中，「橫濱中華學院」與「東京中華學校」有設立高中部。「東京中華學校」與「橫濱中華學院」都是中華民國系統的學校，高中部畢業生的出路主要有三：一、升學臺灣或中國大陸的大學。二、升學日本的大學或專門學校。三、在日本就業。希望在臺灣就讀大學的畢業生，可以參加中華民國僑務委員會為海外華僑所舉辦的特別考試後，進入臺灣的國立大學或私立大學。

二〇〇五年至二〇一四年「橫濱中華學院」高中部絕大部分畢業生選擇升學於日本私立大學或專門學校、短期大學，回臺灣升學的畢業生並不多，總共只有三名學生。其中較特別的是，也有回中國大陸升大學的學生，這些學生應該是中華人民共和國國籍的學生，在日本就讀中華民國系統的華僑學校後，回到中國大陸就讀大學。[105] 另外，值得注意的是二〇一九年「橫濱中華學院」高中部畢業生的出路中，回臺灣升

105 二〇一四年七月，筆者訪問「橫浜中華學院」時獲得的資料。

大學的學生增加至四人。[106]

一九九三年至二〇一一年「東京中華學校」高中部的畢業生出路統計，其中在日本升學私立大學或專門學校者最多。二〇一一年，畢業生有82.4％進入日本的私立大學與專門學校就讀。在日本就職者有一人，亦即二〇一一年畢業的十七人之中有十四人（88.3％）選擇在日本發展。另一方面，一九九三年至二〇一一年之間，平均只有11.6％的畢業生至臺灣就讀大學。一九九六年、一九九七年與二〇〇四年則無人前往就讀臺灣的大學。[107]由此可知，雖然就讀華僑學校高中部，但是學生的最大目標是在日本升學，在日本持續發展。

即使就讀華僑學校，但大多數的畢業生卻都選擇升學日本的大學，這是日本華僑學校的一大特徵。因此，「東京中華學校」因應學生的需求，在教學目標中特別標榜：「立足日本、活躍國際」。「東京中華學校」的教務主任劉秋美教師指出，在二〇一四年時，高中部的畢業生有三分之二升學日本的大學，三分之一的學生升學臺灣的大學。

---

106 「橫浜中華學院」網站，網址：http://www.yocs.jp/YOCS/about.14.php，瀏覽日期：二〇二〇年十月十八日。

107 東京中華學校，《東華》，（東京：東京中華學校，出版年不詳）；裘曉蘭，《多文化社会と華僑・華人教育—多文化教育に向けての再構築と課題》，頁175。

二〇〇八年起，現任校長劉劍城氏就任後，前往臺灣大學就讀者逐漸增多，二〇一四年則有三分之一的學生前往臺灣的大學就讀，但在此之前的人數並不多。[108]

二、日本華僑學校的經營戰略

（一）學生出身背景的多樣化與積極接受純粹日本人入學

華僑學校的另一個特色是，學生出身背景十分多樣化，這是五所華僑學校普遍出現的現象。「東京中華學校」、「橫濱中華學院」與「大阪中華學校」雖然是中華民國系統的華僑學校，但招生時並無限制入學者的國籍，華僑、臺灣人、中國人、日本人都可以入學。中華人民共和國系統的「橫濱山手中華學校」與「神戶中華同文學校」也是如此，因此五所華僑學校學生出身背景都非常多元化。

在日本華僑學校，中華人民共和國國籍學生開始增加的時期為一九九〇年代後半期開始。一九七八年之後，中華人民共和國政府的目標為發展經濟，為了培育人才開始派遣留學生到先進國家留學。一九八四年，中華人民共和國國務院公布〈關於自費留學的相關規定〉，將自費留學生從「管理＋限制」的政策，改為積極「獎勵」。

108 二〇一四年七月二日，筆者對「東京中華學校」教務主任劉秋美教師的訪談。

因此，自一九八〇年代末起，到日本留學的私費留學生急速增加，至一九九〇年代中期之後，在日中國人的居留型態也開始發生了變化，從打工賺錢或留學等為目的的短期居留，轉變為留在日本社會生活的長期居留。同時，在日中國人與日本人之間的國際結婚也逐漸增加。[109]以「東京中華學校」為例，一九九〇年代以後，中華人民共和國的學生開始增加，二〇〇〇年占全校學生的21％。在日本華僑學校的另一共同特色是，出現中華民國國籍的學生人數持續下降的現象。一九九〇年左右中華民國政府將前往臺灣就讀大學的升學資格從海外居留3年延長為8年，這也造成臺灣赴日者的子女就學人數的減少。[110]

日本華僑學校近年來的最大的特色是，純粹日本人學生的大幅增加，尤其是小學部的純粹日本人學生增長幅度很高。在日本的大部分華僑學校一九九〇年代起學生人數下降而學校財政隨之萎縮，尤其是進入二〇〇〇年代，學生人數更快速下降，對學校經營帶來很大的困難。剛好此時，日本社會對於學習中文的關心度提高，導致純粹日本人學生申請華僑學校人數增加，華僑學校也為了確保學生人數，穩定學校經營，

109　裘曉蘭，《多文化社会と華僑・華人教育―多文化教育に向けての再構築と課題》，頁131-132、138。

110　二〇〇〇年七月，筆者對「東京中華学校」郭東榮校長的訪談。

積極接受純粹日本人學生。

現今，日本各地的華僑學校都面臨空前的入學風潮。以「東京中華學校」為例，小學部到高中部都只有1個班，固定員額四十名，但近年小學部每年的入學希望者都超過固定名額。二〇一二年小學部一年級有六十名申請入學，至二〇一三年的申請者已經成長到一百名。「東京中華學校」對於希望入學的學生進行兩次的入學選拔考試。第一次選拔考試僅讓與「東京中華學校」的畢業生有關係的申請者參加，第二次選拔考試則是讓第一次的落選者與一般申請者參加。因此第二次選拔考試的競爭率比第一次還要高。近年來，由於純粹日本人學生的增加，學生人數已經不再是華僑學校的煩惱。

（二）中文為「第二語言教育」

一九七二年「中日斷交」後，隨著歸化日本籍的華僑開始增加，再加上與日本人結婚的華僑增加，日本的華僑社會快速當地化，華僑、華人子弟的母語逐漸變成日語。此外，純粹日本人學生的增加，日本華僑學校學生第一語言逐漸變成日語，中文成為第二語言。目前在日本的華僑學校，小學部的課程都以中文教學科目為主。大多數的學生進到華僑學校後，才開始學習中文，因此中國語言教學時基本上都是以「第二語言教育」方式教學。

「橫濱山手中華學校」在一九九三年開始推動中文教育的改革，引進「對外漢語教學」概念，開始將中文當作第二外語來教學。這種現象也發生在中華民國系統的學校，「東京中華學校」在二〇〇四年進行了教育改革，將「國文」與「作文」兩個科目整合成為「中文」，裘曉蘭指出，其背景有將中文當作母語的「國語教育」轉換成為「第二語言教育」的意識轉換。[111]

（三）符合文部科學省規定的教育課程

配合日本華僑社會快速日本化的趨勢，華僑學校也正視「定居日本」這個事實，將課程內容調整為學生在日本生活或升學必要的基本學力為主。因此，華僑學校從民族教育轉變為，培養華僑、華人學生以「定居在日本為目的」的教育機關。「橫濱中華學院」與「東京中華學校」高中部畢業生絕大多數都選擇在日本就讀私立大學、專門學校或短期學校，也有選擇在日本就業，但選擇離開日本回臺灣或中國升大學的學生並不多。換言之，絕大多數的學生希望「定居」在日本，持續在日本發展。

[111] 裘曉蘭，《多文化社会と華僑・華人教育——多文化教育に向けての再構築と課題》，頁168。

「東京中華學校」的訓導主任陳柏齡教師指出，有三分之一的學生在中學部畢業之後，會選擇升學日本的高中。[112]學生在升學或轉入日本的中學或高中就讀時，如果在中華學校所學的科目與日本的學校有所差異，可能會被拒絕入學；同樣地，要升學大學時若與日本的高中所學的科目不同，也有可能被拒絕入學。[113]因此，「東京中華學校」的教育為了配合學生的升學需求，也為了讓學生在升學後能融入日本學校的教育，從小學部起就配合文部省所規定的教育課程編制課程，在日本中學與高中學習到的科目也都包括在華僑學校的課程中。

然而，為了維持華僑學校的特色，教育課程中也必須包括中國語文、中國歷史、中國社會、中國地理等科目，因此華僑學校的上課時數都比日本學校多。以小學部而言，越高年級的上課時數超過日本一般小學越多。所有在日本的華僑學校普遍都超過日本一般小學的上課時數，其中「東京中華學校」小學部超過最多。日本一般小學一年級的總上課時數為每週25小時，但「東京中華學校」小學部為28小時，超過3小時；五、六年級超過更多，日本一般小學為28小時，「東京中華學校」小學部為35小

112 二〇一四年七月二日，筆者對「東京中華學校」訓導主任陳柏齡教師的訪談。

113 二〇一四年七月二日，筆者對「東京中華學校」教務主任劉秋美教師的訪談。

時，超過7小時。

華僑學校的中學部也類似狀況，日本一般中學一年級至三年級的上課時數為35小時，「大阪中華學校」時數為34小時，少於日本一般中學；「神戶中華同文學校」則與日本一般中學相同35小時。其他「橫濱中華學院」、「橫濱山手中華學校」、「東京中華學校」都超過日本一般中學的上課時數，其中「東京中華學校」超過最多，超過4小時。

此外，日本華僑學校並不會要求學生從小學部一直讀到中學部或高中部畢業。所有華僑學校的課程，皆編制為小學或中學畢業後，銜接轉入日本中學或高中的內容。日本華僑學校都致力於培養具有能夠在中途轉入日本學校之學力，如此一來學生的出路選擇變得較廣泛。

「東京中華學校」與「橫濱中華學院」的高中部學生，關於升學有以下的選擇：一、從小學部開始讀到高中部；二、中學部畢業後，升學或轉學進入日本高中；三、小學部畢業後，升學或轉學進入日本中學。對已定居在日本的家長而言，為了讓子女成為未來能在日本立足的優秀人才，就必須讓子女考上日本的知名大學。因此「東京中華學校」為了回應家長的這種期盼，將課程規劃為符合升學日本的中學或高中內容，也因此設計出一套，從小學到高中皆符合文部科學省的課程。

（四）培養與日本學校一致學力的人才

讓學生在日本進入較好的大學為「東京中華學校」的重要教育目標之一。[114]「橫濱中華學院」與「東京中華學校」的高中部畢業生中，就職者數量不多，大多數畢業生的志向是報考日本的大學或專門學校、短期大學。為了要在進入大學時能具有與日本高中畢業生同等的競爭力，以及在進入大學就讀後也能與日本高中的同學競爭，因此兩校將高中部的教育安排得與日本高中一致。[115]可見，如今華僑學校高中部已經以培養與日本高中生同等學力為教育目標。

自二〇〇三年之後，華僑學校的高中部畢業生雖然可以直接參加國立大學的入學考試，但實際上這對華僑學校並未帶來很大的影響。劉劍城校長指出，將子女送進「東京中華學校」就讀時，確實很多家長開始考慮讓子女升學大學的問題，但事實上最後去報考國立大學的學生並不多。[116]二〇一四年為止，「東京中華學校」畢業生的

114 二〇一四年七月二日，筆者對「東京中華學校」教務主任劉秋美教師的訪談。

115 二〇一四年七月二日，筆者對「東京中華學校」教務主任劉秋美教師的訪談。

116 二〇一四年七月二日，筆者對「東京中華學校」劉劍城校長的訪談。

出路，高中畢業後升學至國立大學的僅有「國立信州大學經濟學部」一校。[117]其結果顯示，華僑學校的高中部雖然與日本的高中採用同樣的課程標準，但與大學升學率較高的日本高中相比，仍難以競爭。有意願報考日本知名國立大學的學生，大多在小學部或中學部畢業後，選擇進入日本的中學或高中就讀。

然而，「橫濱中華學院」與「東京中華學校」都設有「推薦大學」制度。「橫濱中華學院」推薦大學學校為：立命館亞洲太平洋大學、法政大學、神奈川大學、拓殖大學、白百合女子大學、橫浜商科大學、日本航空大學校等。[118]「東京中華學校」的推薦大學學校包括，法政大學、拓殖大學、橫濱商科大學、東京文化大學、東京國際大學、名古屋產業大學、白百合女子大學等。「東京中華學校」的歷屆畢業生中，也有考上慶應大學法學部、立教大學文學部、中央大學工學部、上智大學總和人間學部等有名私立大學的例子。[119]「東京中華學校」教務主任劉秋美教師說，進入日本的大

117 学校法人東京中華学校，《東京中華学校學校簡介》，頁12。

118 「橫濱中華學院」網站，網址：http://www.yocs.jp/YOCS/about.14.php，瀏覽日期：二〇二〇年十月二十日。

119 学校法人東京中華学校，《東京中華学校学校簡介》，頁12、15-16。

學就讀的畢業生中，跟不上大學教育的學生基本上不多。[120]

近年來「東京中華學校」非常積極加強提升學生的學力。自二〇〇八年劉劍城校長赴任之後，「東京中華學校」進行了教育改革。為了提升學生的學力，決定讓學生參加學力測驗。參加的年級從小四至高中部。[121]劉劍城校長說，「東京中華學校」的學生成績並不比日本的學校差，算數、數學方面甚至比日本學校的學生取得更好的成績。[122]

（五）培養具有多語言能力的人才

基本上所有日本華僑學校的目標是培養具有多語言能力的人才，希望培育中、日文並用的人才。但是中華民國系統的「東京中華學校」與「橫濱中華學院」是中、日文以外，非常積極實施英文教育，希望培養具有中、日、英文語言能力的人才。「東京中華學校」自二〇〇八年劉劍城校長就任後，積極將英文科目編入教育課程，也推

120 二〇一四年七月二日，筆者對「東京中華學校」教務主任劉秋美教師的訪談。
121 館奈保子，〈第二章東京中華學校〉，頁203。
122 二〇一四年七月二日，筆者對「東京中華學校」劉劍城校長的訪談。

動高中畢業之前必須要通過 TOEIC 的措施。[123]「橫濱中華學院」也隨之加強英文教育。中華民國系統的「大阪中華學校」雖教育課程的編制上，英文科目的上課時數並沒有如「東京中華學校」與「橫濱中華學院」多，但是「落實中英語三語教學」為教務重點之一。[124]根據筆者的觀察，中華民國系統三所華僑學校比起兩所中華人民共和國系統的學校，更積極實施英文教育，培養中、日、英語三種語言能力並具的學生。

如前所述，現在華僑學校學生的背景十分多樣化，持有中華民國或中華人民共和國國籍的老華僑子弟；歸化日本國籍的華人子弟；來自中國大陸與臺灣的新移民子女；隨著國際結婚的增加，父母親中其中一方為華僑或在日中國人、臺灣人的子女；完全沒有華僑、在日中國人或臺灣人背景的純粹日本人學生；美國籍、英國籍、加拿大、新加坡、馬來西亞、菲律賓、韓國等國籍的學生，學生出身背景非常複雜。隨著華僑學校學生背景越來越多元化，學校開始重視「精通中、日、英語」語言能力的培養。

另外，「東京中華學校」自二〇〇八年劉劍城校長赴任後進行了以下教育改革。

---

123 英語測驗方面，該校於二〇一三年為止都讓學生參加英檢考試，二〇一四年起改為參加 TOEIC 考試。理由是 TOEIC 比英檢難，升學大學時能獲得較高的加分。二〇一四年七月二日，筆者對「東京中華學校」劉劍城校長的訪談。

124 二〇一四年七月筆者訪問「大阪中華學校」時，獲得的資料。

第一，為了提升學生的學力，讓學生參加學力測試。第二，為了提升學生的中文、日語、英語的語言能力，每週讓學生寫一篇中文、日語、英語作文，並發表。[125]第三，為跟不上學校進度的學生，設置補習制度。小學生的合格分數是80分，中學部70分，高中部60分，未達合格分數或教師認為需要補習的學生，必須在週六接受補習。[126]補習不須另外繳費，也同時包括日語、英語的學習。這些教育改革已經發揮成效，學生的語言能力獲得大幅的提升。

「橫濱中華學院」亦非常重視學生取得日語檢定、英語檢定。針對日語檢定、英語檢定、中檢、日本漢字能力檢定等各項考試，開設課後加強班。前三項檢定考試課程由學校專業老師授課，日本漢字能力檢定則由學校志工輔導。「橫濱中華學院」規定，學生畢業前應通過日檢一級及英檢二級，未通過者須參加日檢及中檢加強課程，中檢為自由參加。[127]自小學開始制定各種語言檢定目標，小學五年級目標是通過華語檢定4級、中文檢定4級、英語檢定5級、日語漢字檢定6級。小學六年級的目標是

125 小學部的低學年以背誦教科書為主，用中文背誦後還要翻譯成日文，並再背誦一次。
126 二〇一四年七月二日，筆者對「東京中華學校」劉劍城校長的訪談。
127 「橫浜中華學院」網站，網址：http://www.yocs.jp/YOCS/about.13.php，瀏覽日期：二〇二〇年十月十三日。

通過華語檢定3級、中文檢定3級、英語檢定3級、日語漢字檢定5級。[128]「橫濱中華學院」為協助新生入學後，適應中、日語混合的學校教育，課後有日語補習及加強中文課補活動。[129]

華僑學校在日本創設當時，以教育中文、培育僑民子弟的民族意識為目的。然而，「東京中華學校」劉劍城校長指出，敬重年長者與教師，友愛同學或朋友這種繼承「中華文化」傳統美德的教育雖然很重要，但因為學生的出身背景已經變得多元複雜，強調民族與愛國心的教育已經不再實施。[130]劉校長甚至強調，「東京中華學校」的畢業生有95％在將來都是日本國民，因此該校也終將轉型為培育優良日本國民的學校。[131]

家長為子女選擇學校時，教育質量是十分重要的考量標準。但若僅是以教育質量或者學力的培養為標準，家長並沒有非選擇華僑學校不可的理由，選擇日本的學校即可。華僑學校與日本的學校最大的差異就是可以學到中文。華僑學校對自己的優勢也

128 二〇一四年七月，筆者訪問「橫浜中華學院」時，馮彥國校長提供給筆者的資料。
129 二〇一四年六月，筆者訪問「橫浜中華學院」時，馮彥國校長提供給筆者的資料。
130 二〇一四年七月二日，筆者對「東京中華學校」劉劍城校長的訪談。
131 館奈保子，〈第二章東京中華学校〉，頁201。

十分清楚，除了中文之外，也同時致力於培養日語佳、英文好的語言人才。這種辦學方向，對於家長而言，具有很大競爭優勢與吸引力。

第三章 韓國華僑學校教育的沿革與現況[1]

徐榮崇

第一節 韓國僑校與發展

甲午戰爭後，旅韓華僑主張創立學堂推行新教育。一九〇二年（光緒二十八年）仁川僑領籌建仁川華僑學堂，收學生三十人開現代教育先河。[2]仁川華僑小學建立在清朝領事館內，副領事金慶章兼任校長，最初僅三間教室，為七年學制，初等小學四年、高等小學三年。為當時最具規模的一所學校，漢城、大邱、群山等地之華僑子女多半來此讀書。

一九〇九年，漢城開始設立華僑學校，一九一二年，漢城工商界巨子，前中華商工會長張時英，內感時艱外憤敵禍，亟思培育華僑子弟，力圖振衰起敝，在前駐韓總領事

1 資料迄二〇一六年。

2 張兆理編著，《韓國華僑教育》，頁15。

馬廷亮協助下，由中華商公會所借屋數間，成立漢城華僑學堂，校址初在今中央郵局處之中華總商會內，再遷到今中國大使館內，學生有四十人，富士英先生為代理校長，校舍較為簡陋。[3]一九四七年（民國三十六年），華僑捐款方改建為今日漢城華僑小學，成為當時最氣派的一所華僑學校。釜山僑胞亦響應集資創辦小學堂一處，釜山華僑初級中學成立於一九四八年九月，校址原設於漢城大使館後院，由駐韓總領事代理校長，學生有七十人。[4]。北伐前，南韓華僑學校以此三所小學為主，家塾或私塾無法估計。[5]自北伐成功至日本戰敗的十七年間（一九二八年至一九四五年），除原有三所外，南韓各地增設華僑小學十四所，初級中學一所，男女學生達二千餘人。[6]

一九四八年光州華僑小學在世界華僑菜園草房授課，一九五二年濟州全體華僑捐出一日所得興建學校。各小學課本由臺灣每年按期無償供給。韓國華僑教育風氣很盛，學生人數達一萬人左右，幾乎是全華僑總數的四分之一。華僑為了子女讀中國

3 秦裕光，《旅韓六十年見聞錄—韓國華僑史話》，（臺北：中華民國韓國研究學會，一九八三年一月），頁139-141。

4 馬晉琦，〈華僑中學建校史〉，范延明編，《釜山華僑中學創校六十週年特刊》〈釜山：釜山華僑中學，二〇一〇年九月〉，頁21。

5 同前註。

6 《韓國華僑教育》，頁16。

書，寧願凌晨五時起身乘長途火車，到華僑小學讀書，卻不願到附近的韓國學校上課。高中畢業的華僑子弟，因韓國無華僑大學成立，故百分之六十的學生回到臺灣升大專校，部分升入韓國大學。[7]

---

7 《旅韓六十年見聞錄》，頁139-141。

第二節　漢城華僑小學

漢城華僑小學創校於一九〇九年九月，設於韓國首爾市中區水標洞舊商會內。華僑來韓定居始於一八八二年，後由於華僑漸增，需要教育子女，於是一九〇九年九月，經華僑先賢與當時中華民國大使館，洽商暫借用使館兩間屋子作教室創校，讓華僑子女上課學習，以免回鄉求學之苦。

學校位於韓國首爾明洞地區，是非常繁華地帶，隔壁雖然是中國大使館，但在意識形態上仍屬中華民國，懸掛中華民國國旗。目前學生多來自華僑家庭，來源範圍涵蓋全首爾甚至更遠地方。與漢城華僑協會關係密切，協會時常給予援助。

學校有幼兒園及小學六年，每班約有三十個學生。教職員人數五十七人，其中有三十位華僑老師，大部分都是留臺回國，另有二十七位聘自臺灣的老師，這些臺灣老師都是自僑委會網站上招聘而來。

學生學費一個月約是二十萬韓元，老師一個月的薪資平均約是二百五十萬韓元，學費收入略少於發給教師薪資，相關設備、建築等其他不足的經費由董事會補貼。另外學校也有對外開設成人補習教育，對學校經費挹注很大，學校沒有對外募款，僑委會及其他單位於適當時機會有項目補助。

一、學校發展與沿革[8]

漢城僑小一九〇九年九月創校，設於中區水標洞舊商會內，同年遷入現中央郵政局右側，兼任校長富士英。一九二一年七月，第一屆學生畢業。一九二四年成立董事會。一九三四年，正式聘請余笏為第一任校長。一九三八年，平立三接任第二任校長。一九四〇年，張毓銓接任第三任校長。一九四一年，李枚接任第四任校長。一九四二年，薛伯政接任第五任校長。一九四五年，張惠民接任第六任校長。一九四六年，陳國樑接任第七任校長。一九四七年十月，第一大廈落成，計有六間教室，開始校園授課，姜魁陞就任董事長。一九四八年九月，大廈右側重建教室兩間開創漢城華僑初級中學，招收初中一、二年級共兩班。一九四九年十二月，第一大廈增建二樓落成，教師辦公室移於校內辦公。

一九五〇年六月二十五日，韓戰爆發宣布休校。九月二十八日，漢城收復學校復校。十月，車延續、朱士榮分任第三屆正、副董事長。一九五一年十二月，因韓戰奉

8　韓國漢城華僑小學（二〇〇九）。《世紀風華漢小情——韓國漢城華僑小學創校百週年紀念特刊》。首爾：韓國漢城華僑小學。

令休校。一九五二年一月四日，漢城再度淪陷。四月，再度復校，王子豐接任第八任校長。一九五三年三月，于選三接任第九任校長。七月，第二大廈落成，張道春、孫石明、姚志寬分任正、副董事長。

一九六一年九月學生激增，一、二年級分兩部授課。一九六二年十一月，第二大廈三樓增建落成。一九六三年八月，成立圖書館。于仁平、牟宗熙分任正、副董事長。九月，呂伯衡代理校長職務。十月，學校與韓國漢城壽松國小結緣。一九六五年六月，呂伯衡接任第十任校長。一九六六年二月，王燮方、陳慶選、盛運昇分任正、副董事長。一九六八年七月，學校接管僑中第三大廈，分二十九班授課，廢除二部制改為全天授課。一九六九年八月，為提高學生素質，特設輔導部，改編為二十八班。九月，房學愛、秦裕光、于碧川分任正、副董事長。王兆鈞接任第十一任校長。

一九七〇年十月，房學愛、秦裕光、于碧川蟬連正、副董事長。一九七一年八月，改編為二十六班。一九七二年八月，將輔導部併入教務處，改編為二十五班。一九七三年六月，于碧川副董事長兼代校長。八月，邱鳳德接任第十二任校長。因學生人數略為增加，擴為二十七班授課。一九七四年四月，房學愛、秦裕光、于碧川蟬連正、副董事長。五月，學校接管僑中第四、五大廈。八月，臺北市敦化國中贈書三千冊增添圖書館藏書。一九七五年四月，美化校園，種植樹木花卉。十二月，改修水洗廁所與衛生設施。大禮堂安裝黑紅兩色窗簾，以便放映教育性電影，供學生觀賞。臺中市清水國小及臺北市吉林國小各贈書一千餘冊。韓籍學生二百五十六人，依韓國文教部規定退學，因而改為二十六班授課。一九七六年八月，改編為二十五班。一九七七年四月，焉晉琦、張義信、姜鴻賓分任正、副董事長。八月，改編為二十四班。一九七八年八月，改編為二十三班。一九七九年七月，房學愛、秦裕光、張恩普分任正、副董事長。八月，改編為二十二班。

一九八〇年八月，增設附屬幼稚園，改編為二十一班。一九八一年七月，幼稚園第一屆畢業，孫文逢接任第十三屆校長。八月，房學愛、秦裕光、張恩普分連任正、副董事長，改編為二十班。一九八二年八月，改編為十八班。一九八三年房學愛、秦裕光、唐湘清分連任正、副董事長。一九八四年三月，改編為十七班，郭世榮接任第十四任校長。一九八五年三月，改編為十六班。七月，于仁平當選第十四任董事長，房學愛、唐湘清任副董事長。一九八八年八月，改編為十三班。

一九九〇年八月，擴編為十六班，幼稚園兩班。整修幼稚園三間教室，圖書館全天開放，增設電腦教室。一九九一年八月，改編為十五班。一九九二年八月，改編為十四班。九月，漢小學生家長會成立，唐光裕任第一屆會長。一九九三年五月，一至六年級教室換裝鋁製門窗。六月，全校學生舊課桌椅全部換新，並粉刷校舍，使全校環境煥然一新。八月，改編為十三班。九月，家長會改選，唐光裕連任第二屆會長。一九九四年七月，重修幼稚園圍牆，增設遊戲器具。八月，家長會改選，顧本範當選第三屆會長。改編為十二班，幼稚園二班。十月，教室黑板全面換新。一九九五年二月，為加強電腦教學，新購置三十臺486電腦，自三至六年級開始授課。三月，開設餐廳提供學生午餐，家長會顧本範會長捐贈冰箱及淨水器等。八月，家長會改選，欒學說當選第四屆會長。十二月，楊從昇接任家長會長。一九九六年七月，整修辦公室及幼稚園大廈屋頂。八月，家長會改選，馬富春當選第五屆會長。一九九七年三月，幼稚園增為三班授課。四月，依董事會決議整修校舍，修大禮堂屋頂。八月，幼稚園改編為二班。家長會改選，馬富春當選第六屆會長。整修大禮堂內部換裝鋁門窗，幼稚園亦換裝鋁門窗及粉刷全部校舍。十一月，李順中當選第十五屆董事長，唐光裕任首席副董事長，陳學初、孫德立、徐明濟任副董事長。一九九八年二月，整修廁所使其煥然一新。五月，整修大禮堂樓梯。七月，第十五屆董事會為加強中文，捐款將教室全部安裝視聽教學設備。一九九九年八月，增設自然教室，加強自然科學教材。整修幼稚園及廁所並增添幼兒玩具。幼稚園及一、二、三年級實行小班制教學，均擴為三班。創《漢小通訊》（半月刊）。

二〇〇〇年一月，孫德立當選第十六屆董事長，陳學初任首席副董事長，徐明濟、周宗皓、趙潤勤、方永新、劉玉珂任副董事長。七月，秦嗣義接任第十五任校長。八月，四年級擴為三班（小班教學）。第二大廈三樓整修供四年級使用。第十六屆董事會捐鉅資鋪設人造草坪及幼稚園鋪沙（韓幣七千九百五十萬）。為輔助推動說中國話運動，每星期六不帶書包到校，舉辦各項中文競賽活動及校外觀摩。二〇〇一年一月，第十六屆董事會將捐資餘款撥購幼稚園遊樂器材及教材（韓幣一千一百萬），學校將圖書館大廈二、三樓整修，新擴設電腦、音樂、自然、美勞、視聽教室及圖書館。三月，華僑及學生家長發起捐贈兒童讀物及錄影帶運動，供學生借閱。八月，五年級實施小班制（三班）。九月，中華民國教育部撥電腦補助金新臺幣四十萬，換裝電腦教室十臺電腦，電腦教室並裝設上網設備。第二次向韓國教育部申請外國學校正式許可文件。十一月，正式獲得韓國教育部學校設立認可書，由外國人團體正式變為外國人學校。二〇〇二年一月，孫德立就任第十七屆董事長，陳學初任首席副董事長，趙潤勤、周宗皓、徐明濟、方永新為副董事長。三月，聘隋象勤董事為第十七屆副董事長。四月，為增加教師電腦的能力，開設電腦講習班。六月，董事會議決新聘趙明齡、張相根、鄒本卿、劉樹松、楊從昇為本校董事。八月，四、五、六年級加設漢語拼音及簡體字課程。二〇〇三年二月，全校教室更換磁性黑板，以利學生學習。三月，教務部訂購第一批兒童讀物六百零八本，供學生閱讀。四月，全校各教室安裝電腦一部，加強電腦教學。五月，教務部訂購第二批兒童讀物六百一十二本。二〇〇四年一月，隋象勤就任第十八屆董事長，陳學初任首席副董事長，趙明齡、邱元仁、周宗皓、顧本範、劉樹松、李忠憲、鄒本卿為副董事長。三月，為提高學生中文能力，低年級開設課外中文加強班（一、二年級）。漢城華僑協會提供一千萬韓幣助學。六月，第十八屆全體董事會通過九十三學年度起，幼稚園開放韓籍生。七月，董事會增添王育城、欒學說、吳學彬、王義政、劉世孟、姜勇立、姜仁福、張鎮喜等八位新董事，董事會成員增至三十名。八月，董事會捐鉅款大幅翻修校園、校舍及部分安全檢查（董事會一億四千兩百八十萬韓元、外部六千五百二十三萬三千兩百二十三韓元，共計二億零八百零三萬三千兩百二十三韓元）。九月，幼稚園開放招收韓籍生並設立中文加強班。十二月，中華民國僑委會資助三萬美元、教育部資助三十萬元新臺幣，翻修校園。教育部再資助十萬元臺幣，建築洗手臺、暖房設備。八月，董事會通過小學招收韓籍生並設中文加強班。九月，為配合世界教育趨勢，每月最後一週週休二日，授課時間提前，幼、低年級每週週休二日。新增添張從敏、呂道良、欒學讀等三位為董事會成員。二〇〇六年一月，隋象勤連任第十九屆董事長，指名周宗皓為首席副董事長，趙明齡、劉樹松、顧本範、李宗憲、鄒本卿、吳學彬、徐明濟、姜勇立為副董事長。新聘劉鎮德為董事會董事。二〇〇八年三月，董事會決議將行政大樓二樓八間教室，與易知英語合辦補習中心。六月，中國四川大地震災情慘重，董事會、學校、家長參與募款救災。七月，董事會決定整修餐廳、幼稚園沙地改鋪塑膠軟板、廁所設置暖房設備、校園造景等，八月十八日完工。八月，僑委會張富美委員長蒞校訪問（第二次）。第十九屆董事會全體通過議定十月五日為校慶紀念日。順應時代需求，英文課提前授課（由四年級提前至三年級）。九月，漢小家長成立媽媽會並正式運作。幼稚園增設一班，共計三大班及一班小班。二〇〇七年二月，全校教室、辦公室裝設遮陽窗簾。四月，中、高年級學生施行國語聽力測驗。六月，開設學校網頁。七月，重整電腦教室、圖書館桌椅換新，新設國術及兩間社團教室等。九月，開設課後社團（國術、足球）。十二月，隋象勤董事長連任第二十屆董事長。二〇〇八年一月，學校大幅整修幼稚園。九月，誠徵學校各種文獻史料，備百週年校慶。十月，漢小通訊改為彩色版。十二月，六年級師生赴波洲慰勞韓國前線坦克部隊。二〇〇九年一月，第二十屆董事會決定全面整修大禮堂，使之現代化。二月，實施主題課程，注重體驗教學及多元評量制。四月，發起大禮堂整修捐款活動。八月，教務處、訓育處、自然教室重新裝潢，全校大樓重新粉刷油漆。十月五日舉行百週年慶祝大會、運動大會。

二、學校現況[9]

（一）早期的韓國華僑是跟著清朝士兵來的服務隊伍

朝鮮時代施行鎖國，不通商、不通關、不准外國人進來。一八八二年發生政變，當時王朝委請清政府派兵平亂。時任廣東水師提督廣東人吳長慶，授命帶領三千水軍官兵前來協助。由於清朝士兵均為貴族，每一士兵亦有多人伺候，後來這些從民間徵來的服務隊伍，在清政府退出朝鮮半島後並沒有離開，可說是近代韓國華僑的祖先。當時這些華僑來了以後，教育水準都不是很高，主要就是拿著剃頭刀、裁縫刀、菜刀三把刀過來，是部隊帶來的三種人才，他們靠這三把刀打天下，也是早期韓國華僑的主要謀生技能。

（二）校地，是清政府時期買的

以前史家、書上都認為是韓國政府為了要感謝中國幫忙，將現中國大使館處（校

---

9 資料主要來自二〇一四年十月三十一日，訪問王德祥校長、吳學彬董事長、姜勇立副董事長之訪談稿整理。

地）那塊地送給清政府。其實不然，是袁世凱當時花錢買的，買後便立了字句永久批准商借給華僑總商會使用管理。當年華僑從中國出來，沒有一技之長，中華商會華僑們在現學校跟當時清朝商務總辦（現稱大使館）之間蓋了四間教室，以及旁邊的校長跟老師宿舍，開始了像清朝學堂概念的非正式學校形式部門，專門給從中國來的人上課，先教他們打算盤，再教他們寫流水帳，再教他們寫字，只要有這三個能力，如果有什麼工作機會的話，就可以派上用場，這是華僑學校最開始的源頭。

一九〇九年建校，開始施行新式教育，由於校地與四間教室不夠用，華僑便以董事長名義再購另一塊地，主要目的要給華僑開學校、辦教育使用。但因使用個人名義會有財產問題，便以中華民國名義來管理。過去四間教室的地皮現在是中國大使館那邊的地，已不是學校的了。

（三）韓國華僑教育的濫觴

十九世紀末韓國華僑人數變多，日本人的勢力也與日俱增，並建立起社會組織，開始打壓中國商界。在日本統治韓國的期間，需要大量人才作建設。尤其是當時流行歐洲石造房子，雖然韓國石頭很多，但是沒有相關技術人才，便從山東大量募集木匠、瓦匠、石匠、油漆匠。隨著這些技術人才加上相關商務人員，到一九三〇年左右，韓國的華僑達到三十八萬人。此時四間教室規模無法容納那麼多華僑子弟，加上日本人欺壓不准學校擴大，使得當時學校運作不得不由兩部制改成三部制教學。

日本戰敗，華僑學校開始要振興發展時，又爆發韓戰。直到韓戰結束，才開始一棟一棟興建，學校規模才變成今天這樣子。學校先有小學，一九五六年才有中學，第一棟大樓是小學，接續為了中學蓋了大樓，後來小學因為教室不夠，所以採用一年級跟二年級兩部制因應，三年級以上就是全天制。教室旁邊蓋了餐廳，又陸續蓋四間教室、音樂教室。蓋餐廳主要提供**住宿孩子**用餐所需。現在宿舍的位置以前是口井，天冷的時候從井裡打出水都是冰的，冰水擦擦身體就去上課，可見當時的艱辛。

（四）校產的爭議

學校這塊地是屬於誰的呢？各種說法都有，政府說是政府的，華僑說是華僑的。依據校方的說法，這地皮最初是華僑集資買的，買地皮的證件、地契都有證據。由於當時日本政府不允許在這裡興辦中國人學校，故而隨歷任董事長就職，便將地皮名字改成新董事長名字，所以學校當時是用僑團名義辦的，在法律上這不是一所學校，只是華僑自稱是學校，日本人不承認。一九四〇年代初期，日本政府開始承認這個地皮是中華民國政府的，也承認這是一所中華民國華僑學校，但是日本人承認的中華民國並不是蔣介石的中華民國，而是在上海汪精衛的中華民國，因為那個中華民國跟他們是友邦，當時汪精衛不管國歌、國旗什麼都是用一樣的，等於一個牌子兩個班底。

當時有很多財產的問題，如果是僑團來經營的話就會有很多問題，比方說某位董事長，不承認先前約定，便可以吞掉這土地，僑界認為不安全，希望請政府出面來頂這個名義，頂這個名義第一個可以不用納稅，第二個反正因為是華僑的教育，剛好二戰時日本政府承認了汪精衛的中華民國政府，也承認了本校。

（五）學校經營，困難重重

經營僑校，困難重重，韓國政府也盯得緊。韓國學校推行多元化教育，華僑到韓國學校去念，不用錢又有補助，反而來華僑學校念書還要繳費。雖然經營僑校辛苦，但仍希望去念韓國學校的華僑，都能回來。中華民國華僑人數不到兩萬人，中國大陸有一百萬人（指朝鮮族）。未來如果學生少了，老師勢必也要減少，如此師資水準就跟著下降了，但不希望會落魄如此，學校還在掙扎。

（六）教育是韓國華僑立根的主要良方

韓戰時期漢城華小曾撤退到釜山，戰後再回來重建，一來一回滿是辛酸。雖然如此，學校從未間斷，因為祖、父執輩都知道，如果要在韓國立根，就非要辦教育把孩子教好才是，因此，到釜山時仍舊邊打仗邊教學。雖祖、父執輩是農民所學不多，但不管再窮再苦都要把孩子送到學校，這唯有讀書高的觀念在這裡是非常根深蒂固的，當時每個家庭都有很多小孩，負擔那麼重，但是不管如何，小孩都是要接受教育的。

回到漢城時韓國華僑子女漸多，教室不敷使用，華僑們有錢出錢有力出力，一磚一瓦陸續蓋了五棟校舍。前兩棟校舍是用石材作材料蓋的，工法照當時從中國來的工匠施工，雖歷史最久但最堅固，經安全評估應可再撐過一百年。但另兩棟便沒有那麼結實，因當時蓋的時候，有經驗了解建築的老華僑多已老邁或辭世，下一輩又不太懂。目前建築有分A到E五個等級，後兩棟是D等級，D等級的意思是不給拆，也不給修，就是要維持現狀，用個三、五年還可以，時限到後再作評估，如果到了C級，那整棟樓都封了，不管有沒有建築登記，就是整棟封。走廊是C級，還好走廊作了補強柱，勉強可用但不合法。事實上，校舍已經補強到不能再補強了。

由於當時，中、韓雙方都是反共的國家，關係都還非常好。蓋校舍時，不用申請什麼建築許可，去蓋個章回來就蓋樓了，可能是當時仍是權威時代也沒有人敢說什麼話，所以蓋房子都很順利。也因此，目前學校沒有一棟校舍是登記合法的房子，但這就是問題。

（七）華僑中、小學的分家

當時小學有將近三千名的學生，必須分上、下午上課，一間教室擠了六十個學生，校舍不敷使用，哪像現在一間教室三十人，家長還抗議。因此小學部給了中學部一千兩百萬韓幣，中學便搬到外面去蓋學校，就是現在延禧洞華僑中學，這裡就全給小學來使用。

當時中學跟小學是分開的，小學有小學的董事會，中學有中學的董事會，當時中學的董事長是于仁平，小學的董事長是房學愛，很多事情他們倆人說好了，立了契約，然後漢城華僑協會見證作保即可。

（八）改建校舍，為的是讓學校有更大的發展

韓國政府對外國人的土地管理是很嚴格的，規定外國人買房不可以超過一百坪，為便於永久保存，校地就登記在中華民國大使館下，時過境遷大多人都忘記此事，久而久之就變成了中華民國的財產。故而，當學校要改建校舍時，便須經過中華民國同意方可改建，否則便是違建。

校地地處首爾最貴的明洞地區，一坪地現在約值兩億韓幣，目前有兩百坪地可改

建，讓現有瀕臨危樓的校舍得以改建成十樓大樓，前面明洞大街可以做商場，其中五樓可以出租，一方面租金可作為經營學校的資金，另一方面還可以讓孩子免費念書，提升招生競爭力。也可以透過師資評價制度，提升老師薪資、退休福利等制度，增加老師的水平。改建大樓主要還是為了讓孩子有一個更好的學習環境，也讓學校能夠永續經營，學校的未來會有很大發展。

（九）家長的組成背景發生改變，學生招生困難

身為華人是祖宗的血統無法改變，這樣教育代代相傳。華僑不像過往，父母雙親都還是華人，住在華僑村生活在一起。現在小孩也和韓國人一樣各自嫁娶分居各地，因此有許多華僑子弟的媽媽是韓人，爸爸是華人的跨國婚姻。以前是爸爸說了算，現在是媽媽說了算，媽媽是韓國人的，多希望能將子女送韓國學校就讀，接受韓國教育，而且免費。過去華僑多拿中華民國護照，現在因為娶韓國太太自然可以拿韓國國籍，故而年輕一代多已偏向韓國社會。

同時，韓國政府對較貧窮的國際婚姻的多文化家庭有生活補貼，因此許多華僑子弟便前往韓國學校就讀，華僑也就越來越分散，僑校經營也就越來越困難。這也是之前學校提出重建校舍，希望能利用租金挹注方式，將學費全免，增加招生競爭力。再往後思考，小學有了充足生源，接下來的中學、高中才有接續的力量，也才會有永續的僑社，否則只有逐漸凋零一途。

（十）為什麼要送學生送到華僑小學來讀？

由於華語受到重視、中國的崛起加上時事所趨，學習華文是顯學蔚為風氣。因此家長重視子女學習華文，近幾年人數就越來越多。然而單靠華僑子弟學生實在不夠支持一個學校，僑校不若臺灣是社區學校，這裡的學生都是來自全首爾市，甚至是首爾以外，有的學生來自很遠的地方，有些地方有校車，沒有的就搭地鐵，有些都要一個小時以上才會到，很辛苦的。加上董事會將學費壓得很低，擔心漲價後沒有人要來讀。

學校是外國人學校，不是國際學校，國際學校就可以招收韓國學生，但是外國人學校不可招韓國學生。然而韓國法律漸漸地在修正，過去僑校多各自為政，政府沒有干涉，二〇〇〇年開始，政府開始注意，從制定教育法開始，看管起外國人學校，很多規定都變很嚴格，尤其是對於招收韓國學生的規定。為了生存，學校召收韓籍學生可以減少華籍學生的學費負擔。但學生畢業後有很多選擇離開，因為學生只想打好華語基礎，之後為了韓國社會生存問題，都轉到韓國學校。至於學校畢業證書韓國學校承不承認？轉學會承認，但畢業便不承認。然而華僑學生很少轉去韓國中學，大部分都是繼續念華僑中學。

（十一）從教科書的使用上，看到對中華民國的忠貞

中國大陸的教科書免費送、運，但學校都不使用。臺灣的教科書，由於僑務委員會預算日少，已不能再全面補助僑校教材，只能支援主科，其他非核心教材需自行購買，但學校依舊堅持使用。因此，臺灣教科書的內容和這裡是同步教學的，水平也是與臺灣相當，臺灣一年級的水準就是這邊一年級的水準。學校用的是百分之百的臺灣教科書，只是有時候為適合當地情形，教師會依實際狀況下做適度的增修。

（十二）困境下求生存

目前學校一個月學費是二十萬韓元，一個班級三十個學生，一個月共計六百萬韓元，然而老師一個月薪水，底薪一百七十萬韓元，基本津貼或是導師的津貼十五萬韓元，平均約兩百五十萬元韓元，約臺幣六萬塊，班級師生比平均是比臺灣高一些。學校一個月的開銷至少也要十五萬美金，學生學費是遠遠不足開銷的，單給教師和職員發薪水後便差不多了，學校沒有募款，不足的部分多是董事會拿錢來補足。雖然學校也開設一些課外活動，讓其他的韓國學生來學中文，但仍是不夠。目前僑校規模及水

平高，幼兒園跟韓國的相比是屬一屬二，許多臺灣幼兒園老師都希望到這邊來教學，因為待遇比臺灣高。

（十三）師資的斷層與增能

目前學校老師年齡大約是三十到五十歲左右。平均都很年輕。三十位是華僑，有二十七位來自臺灣。年長的老師多是華僑，很多是曾經到臺灣念書回來的，目前這類教師，屆臨退休相對減少。來自臺灣的年輕教師多透過僑務委員會網站上申請，或經人介紹而來。大都是臺灣大專畢業而且具合格教師資格，並拿正式工作簽證。臺灣請來的老師，比例會越來越高。在請臺灣教師的同時，中國大陸全額提供老師、教科書、各種器材（音樂、武術），但學校並未接受，因為還是臺灣老師的素質好，這是老華僑的政治眼光。

由於本地請不到好的講師進行教師研習，每年臺灣有開研習時，學校便會派老師就地或回臺參加。回臺灣研習對老師有相當幫助，所學都會反映在實際教學上，同時也會在自辦的教師研討會中，分享給其他的老師。如民俗老師、文化老師，教的舞蹈，就實際運用在運動會的表演。

但由於返臺或是在韓辦的教師研習內容，多半是教授普遍性的教材教法，臺灣教育部的課程是統一的，所有學校的課程都是大同小異，做的功課、方針每個學校都應該很接近，但是對於海外的學校，每個學校的立場都不一樣，每個學校的經營狀況也不一樣。所以，並不一定是針對這裡在地性的需求設計，故並非全然適用，所學也不能要求老師全部照做。因此，必須針對教學進行在地性的修正，學校會定期做滾動性修正，在不斷經驗累積下，做出最適合學校的方法。像臺灣的學校領導人就是校長，可是我們這裡，校長只負責教學，經費的部分校長就沒辦法了，而且還有很多社會關係是校長沒辦法處理的。

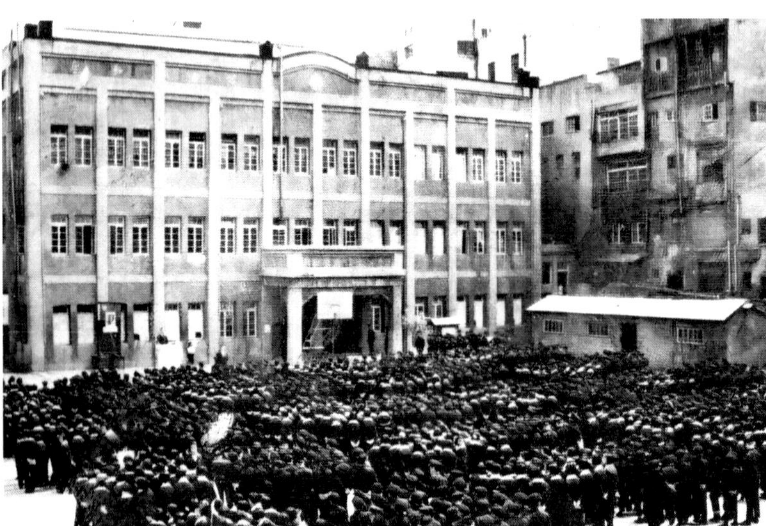

過去漢城華僑小學學生集合

現在的漢城華僑小學一景

教師辦公室一景，其中教師多聘自臺灣

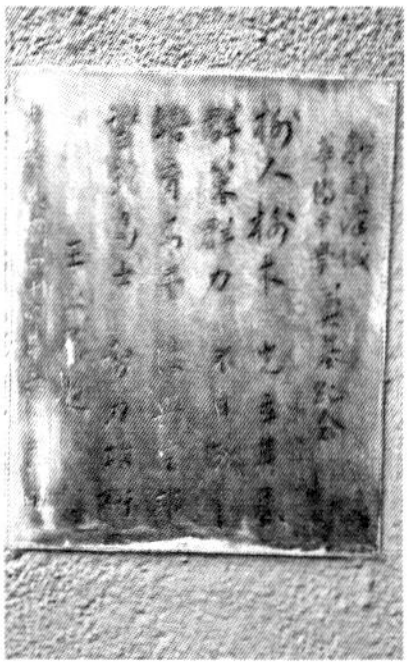

漢城華僑小學奠基石

第三節　永登浦華僑小學

一九三八年六月永登浦華僑小學建校，由永登浦先賢僑領宋常玉先生，提供自己的農地（座落於現首爾市永登浦區楊坪洞），興建校舍，聘請老師，並取名為「永登浦華僑小學」。

永登浦華僑小學規模略小，學生人數僅八十一人，教師含校長共七人。學生約一成為華僑，其餘多是韓國籍及中國大陸籍學生。校舍包含一棟內置禮堂的四層樓建物以及一座操場。學生學費一個月約韓元二十七萬，目前學費收入僅能提供老師及行政人員的薪水支出，其他較高花費的支出項目，如維修校舍等，會編列預算請董事會支持。學校不勉強家長捐款，家長偶有捐款，學校會頒發獎狀以表謝意。逢年過節，皆會舉辦相關慶典活動，邀請學校董事及家長參加，也會捐款贊助活動及學校，用於改善學校設備或更新相關設施。永登浦華僑小學的禮堂四周皆懸掛中華民國的國旗，朝會時升韓國國旗、中華民國國旗及校旗三面旗幟，在政治認同上相當支持中華民國。

韓國一般華僑小學，開始都是由華僑隻身來韓，待打下事業基礎，就逐漸將親戚、好朋友也一同接來，慢慢形成華僑生活圈，為了孩子上學，幾個家庭共同聘請教授中文的老師，到學生家中，教授一、兩個小時的中文。目前，華僑家庭的中文環境日趨式微，許多家長在家中不以中文為主要溝通語言，反以韓文作為主要語言，這對華僑小學的授課上有極大的障礙。

一、學校發展與沿革[10]

永登浦學校於一九三八年六月，由僑領宋常玉先生，倡議建校、延師授業、募集學童。初由六人增至十五人，歷時達六、七年之久，嗣後因宋常玉先生農地出售，乃於一九四七年遷移本區中心地段（首爾市永登浦區永登浦洞），臨時洽借僑領柳鍾珍先生經營之餐館（永登閣）二樓房間為教室，並眾公推柳鍾珍先生擔任首任校長。

一九四八年僑領宋常玉、柳鍾珍、李玉和、趙新英等賢達，顧念學生激增，擬擴展僑校，即商榷僑胞邢先生空地一處，建築校舍，採複式教學教師二人，此時學生達六十餘人。

一九五〇年六月二十五日，北韓共黨南侵烽火瀰漫，僑胞多避難南遷，學校逐告停頓，延至一九五三年韓國政府遷都後復校，並正式呈報我駐韓國大使館轉請僑務委員會准予備案（僑務委員會僑民學校立案證明書初字第1806號），後因邢先生土地轉

10 永登浦華僑小學，http://www.yungxiao.or.kr/page12.html。閱讀日期，二〇一四年十一月六日。

讓。李玉和、王連貴、趙新英、唐光和等僑領為免學生失學之虞，決定購土地興建校舍，復於一九五四年三月發起勸募運動。購置現僑校址（韓國首爾市永登浦區文來洞1街29番地3號），計四百餘坪土地，構築平房一棟，分別闢為各級教室，學生達一百餘人，僑校教育遂步入正軌。

二、學校現況[11]

（一）韓國華僑發展的歷程

一八八〇年起華僑來韓國已近一百三十年。最初創立的韓華學校為仁川中山中小學，還比創立一百零四年的漢城華僑小學還要早八年，之後陸續在漢城、仁川、大田、大邱、釜山、光州幾個大地方設立小學，在漢城、仁川、大邱、光州、釜山等地設立中學（含初、高中），光州中學因學生不足已關校。

[11] 資料主要來自二〇一四年八月七日，訪問秦嗣義永登浦華僑小學校長／漢城華僑小學前校長之訪談稿整理。

（二）韓國對僑校的限制

朴正熙年代的鎖國政策，對外國人有限制。如房產、不動產面積小於五十平方公尺，只能從事小買賣生意。需要五十平方公尺以上者，必須是韓國人才可以。一九九七年金融風暴後，韓國為了自救與外國壓力，開放了對外國人的限制，華僑也身受其惠。另外，韓國憲法規定，韓國公務員必須是韓國籍，但華僑很不喜歡變更國籍，會把國籍換成韓國國籍的，少之又少，一直保有中華民國籍，因此華僑的發展也受到了限制。

（三）為什麼韓國學生會對僑校情有獨鍾

韓國過去的語言和文字，約百分之八十是華語文，現在都忘了。語文的三原則：形、音、義，而韓文只有形、音，卻無義，意義是隨音而來。但韓文簡單學，把十四個子音母音學會，合起來就跟英文一樣拼出來就是他們的字了，不須像華語文一樣要不斷的練習。相對於韓文，華語文難多了。華僑學生學華文，寫字很難很累，寫字失之毫釐差之千里。如「大」字，一個點點錯了都不行，點上面是「犬」，點下面是「太」。雖然如此，韓國人仍有學習華語文的風潮，加上中國崛起，對學習華語文的興趣漸增。過去韓國政府不管，華僑小學、中學、高中都有韓國學生，其家庭背景多不簡單，不外乎將軍、國會議員、長官、財閥等看得遠的人先來學，如果不說是韓國人，根本不知道是韓國人，完全和華人一樣。有個笑話，韓國華僑畢業的韓籍學生，以外國人身分到臺灣考試，臺灣考官驚覺考生中文程度怎麼這麼高，殊不知他是華僑學校出身，完全跟我們一樣，學的就是臺灣的那一套書。

（四）突破學生越來越少的窘境

六〇年代末期到七〇年代的中半，是學生最多的時候。一九七三年漢城華僑小學學生最多時有兩千三百多名，華僑中學也有兩千多名。七〇年代初期，有五十七所華僑小學，現在只剩十六所學校。現在韓國對外國人，尤其是華僑有了各方面政策的限制，多數華僑便外移到臺灣、日本、美國、澳洲等地發展，導致華僑人數變少。另外，韓國政府接續推動節育政策，一個家庭最好兩個小孩，學生就少了。現在大家都不生了，學生更少了。

韓國人本身就需要華語文，再加上中文熱，所以近來讀華僑學校的人很多。但現在韓國政府對韓籍學生到僑校讀書有限制，規定韓國人必須接受六年義務教育，不准韓籍學生就讀華僑學校，所以華僑學校學生就越來越少。僑校為了維持生存，並讓華僑子弟得以學習，必須權宜收受韓籍學生以維持運作，使得有的學校裡韓國學生占多數反而華僑子弟很少的情事。

因此，一些記者在放學時刻意在外面等看學生是不是韓國人，甚至於是不是有錢人或高官的小孩以製造新聞。所以韓國教育部開始查外國人學校，記者就跟著來，在外面見孩子就問你是韓國人吧。

這樣的做法讓學校在申請臺灣補助時，常受到華籍學生比例太低的質疑。以永登浦華僑小學為例，學校目前共八十五人，共六班，六位老師一位校長，沒有職員，學生學費多用於發薪水，韓國學生三十二位，真正的華僑子弟九位，其餘是中國籍子弟，現在中國大陸來的很多，他們不想讀韓國學校，這裡也沒有中國的學校，所以來此就讀。其實，一點補助能使傳統文化得以延續，並影響他人何樂而不為？學校單靠學生學費是不足的，尤其學生越來越少，主要還是要靠董事捐款補貼不足或家長捐款以及透過辦活動來募款，如辦紀念大會，或請孩子們表演兒童節活動，或端午節、中秋節發粽子，透過吃粽子募錢，也透過吃粽子讓學生了解中國文化。再不就是向代表處申請。

（五）親師互動與國籍認同

這裡小孩簡、繁體，注音符號和漢語拼音都會，但對臺灣的認識已經越來越遠，雖國籍仍是中華民國，但忠貞度已不若以往。而且，現在華僑和韓國人聯姻者越來越多，過去爸爸是中國人，孩子應上華僑學校的觀念已過時，目前婚後韓籍媽媽不懂注音符號，無法輔導學生功課，多讓孩子上韓國學校。華僑學生韓國話都會，但華語卻不大會了，雖然學生到了學校必須說華語，但是回到家裡都是說韓國話（甚至父母親都是華人）。因此在家長座談時，學校再三強調，父母親千萬不要在家裡說韓語，在家裡面講華語，讓他們聽了耳熟後，加上學校的教學，學華語便容易了。但真實情形確是不容易，他們已經習慣了。目前韓國華僑學生少了，學生少了學校就陸續關門，從過去五十七、八個，到現在大概十六、七個，應該還會往下減。以後的華僑學校僑生越少，加上政府不支援以後，華僑學生可能都要到韓國學校去了，這是大勢所趨。其實進韓國學校也不一定不好，問題是華僑子弟都不會說華語了。

中國的崛起，從過去英文必修，中文選修，到現在是英文必修華語也是必修，在又會韓語又會華語的環境裡面，為什麼不讓學生兩個都會以提升競爭力啊，以後和韓國人競爭，會華語是多一個競爭力。

（六）其實，僑委會對我們還不錯

其實，僑委會對僑校已經不錯了，因為僑委會不只單單對韓國華僑，面對的是全世界華僑。學校很少與中國大陸往來，都是中華民國，不論照片、標題、抬頭都是中華民國，學校升的旗也是升中華民國的青天白日旗。在明洞的漢小，因為在中共大使館旁邊，不准掛中華民國的旗，但這裡就可以了，因為比較遠，中國大陸看不到，鞭長莫及。不過中國大陸來的時候會先打電話，便暫時降下來，離開了再掛上。不過大禮堂四周都釘有中華民國的國旗，便沒辦法配合了。

（七）師資不足，短期不如長期

小學校負擔不起住宿、餐費，沒有申請替代役，大學校像明洞漢小就有申請。替代役的問題是只教一年，剛摸透就離開，剛熟就再來個新的。經費不足使得這裡老師很缺，所以老師必須全能什麼都要教，只有一位是韓國大學教育系的老師，別的都不是，因此師資當然不如臺灣，臺灣必須有教師證方能教書，但是這裡不可能，因為沒有費用聘請有教師資格證的老師。明洞漢小的老師約二百五十萬到三百萬，年資十年。這裡才一百七十萬，很難聘到好老師。如能頒發一紙海外華僑老師能在海外使用的教師資格證書，以便這裡的老師能加入韓國教師聯誼會和韓國學校有所交流，獲取新知取得優惠。

（八）教師研習，英雄無用武之力

教師回臺灣研習，絕對有幫助但幫助不大，因為學後回韓國大多用不上。老師研習在思維上是有幫助，但在韓國卻用不上，英雄無用武之地。因為在韓國學生一年級剛入學，一句華語都不會，不先學語言其他都學不了，學習效果很低。

（九）學生畢業後的出路

學校畢業了十五位學生，十位升中學，三位轉韓國學校，兩個回臺灣。由於韓國沒有華僑大學，所以學生未來是進入韓國大學就讀，僑生入韓國大學還有優惠，比臺灣好，臺灣還要考試，韓國就是形式上考一下韓國字，對這裡的僑生來說輕而易舉。

永登浦華僑小學大門及操場，左邊建築為該校校舍

樓梯間貼滿各式中文標語

永登浦華僑小學慶祝中華民國雙十節慶典活動（秦嗣義校長提供）

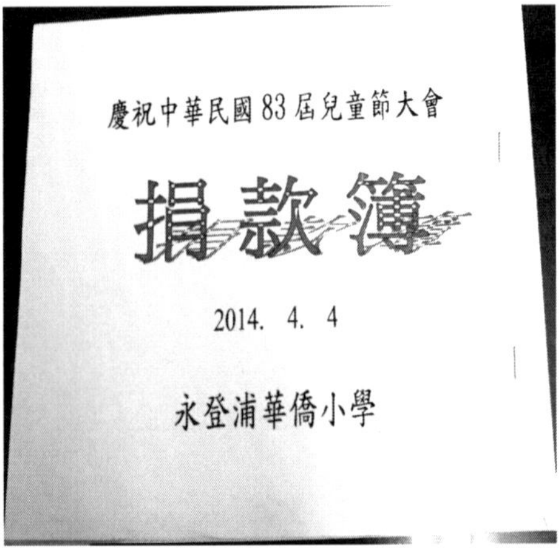

慶祝中華民國83屆兒童節大會

捐款簿

2014. 4. 4

永登浦華僑小學

每逢各種慶典活動，家長及董事都會捐款贊助，校長會記錄下來

第四節　漢城華僑中學

漢城華僑中學前身為「光華中學」，成立於一九四八年，位於韓國首爾市，為六年制中學。原教育法令不收韓國學生，但因近年來中文熱潮，不少韓籍學生爭相進入華僑學校就讀。當時由中華民國駐韓總領事劉馭萬發起，暫借漢城華僑小學教室二間，設立華僑補習班。同年九月，正式招收一、二年級學生各一班，成立「漢城華僑初級中學」。一九九九年，隨韓國政令改變，在韓的外僑學校都需政府立案，原本被視為教育外國人的僑校，正式在韓國教育廳備案，登記為韓國政府會有補助的各種「學校」。

學校分有臺灣大學升學班、韓國大學升學班，學生人數約六百二十人。教職員數五十七人，學歷均在大專以上，並有教育學分，新進師資則需持有教師資格證。學校經費來源目前以學費為主，捐助為輔。中華民國政府僑委會有提供補助、師資、教材等相關服務。

一、學校發展與沿革[12]

漢城光華中學於一九四二年三月在僑領司子明、丁元幹等之努力下創立。首期招生一班學生四十三名，聘有教師三人，暫借漢城華僑小學教室開課，校名暫定為「漢城華僑學校高級部」。翌年第二次招生，二十三名，教師增至六名。秋獲准立案，變更校名為「光華中學校」，並於使館後院增闢校舍。一九四四年三月第三次招生六十名，全校三班，共有學生一百二十餘名。一九四五年四月舉行第一屆畢業式。五月發生學生張貼反日標語事件，學生二十餘名被日警逮捕，經月餘調查因無確實證據釋放，但學校日夜被日警監視人心惶惶，乃於六月初提早放暑假。兩個月以後，日本雖因戰敗投降，光華中學亦終因環境關係從此停課。

一九四八年駐韓總領事劉馭萬，領事宿夢公，國大代表王興西及漢城僑商多人發起，以王興西任董事長，領事宿夢公代校長，暫借漢城華僑小學教室二間，成立補習班。九月中始招收一、二年級學生各一班，正式成立「漢城華僑初級中學」。一九四九年在大使館後院東側（舊光華中學址，現新韓銀行位置）興建新校舍，落成後立即

12 漢城華僑中學，http://www.scs.or.kr/index1.htm。閱讀日期，二〇一四年十一月六日。

遷入，並增聘教師。一九五〇年一月聘滯留國內山東福山縣籍國大代表車道安先生出任校長。六月第一屆三八級學生畢業，計二十五名，爾時車校長因事返國。未幾六月二十五日韓戰爆發，學校隨之停課，延至十月聯軍光復漢城後開學。

一九五一年一月，韓戰逆轉聯軍南撤，學校隨之南遷釜山，搭軍用帳棚為教室。歷時三年，學生漸增至一百三十七名。十月，王東原大使協助釜山舊領事館改建為校舍。一九五二年七月一日起施工，釜山舊領館充當學校校址，全校學生遷入，因陋就簡勉強開課。一九五三年漢城收復，南遷華僑北返。一九五四年三月漢城僑團僑領認有及時復校必要，暫借漢小南側教室三間，並自建辦公室一間，招收三、四年級學生兩班，學生宿舍設於北幫會館內，正式復校計有學生三十八名，名為韓國漢城華僑中學。一九五五年五月一日於明洞校址破土動工。九月增設高中部，招收第一屆高一新生計二十名。十二月三十一日新建三層大廈一棟竣工，禮堂教室俱備。一九五八年一月漢城及來自漢城以外的學生人數激增，現有校舍不敷使用，於明洞校址開始興建第二座大廈。四月推選孫盛燦先生任董事長。六月高中第一屆畢業。一九五九年九月第二大廈教室十二間落成。

一九六二年八月二十三日，第三棟新廈落成（此廈為三層樓房，由學校克難節餘經費，分三次建造，一層為餐廳，二、三層共有教室六間）。同時男生宿舍遷至校內，女生及教職員仍宿於北幫會館。一九六八年五月董事長于仁平等僑領，**為發展僑教，提議另覓地建校，蒙唐縱大使支持撥予**於延禧洞八十九番地館產土地七千九百五十八坪，另補助建校費韓幣一千萬元整以作遷校之用，五月下旬開始雇工整地，一九六八年十一月完成（教室二十八間）。一九六九年一月十二日中小學董事會議議決，漢小提供一千二百萬圜作中學建校用，並將明洞臨街之訓育大樓一棟教室十二間讓於漢小。第一廈竣工後，一九六九年三月，初三至高三共十四班，由明洞校址遷至延禧洞新廈上課。一九七〇年八月十八日延禧洞校址第二大廈破土動工。七月二十七日韓大班暑期補習班開始上課，九月高中部分設回國升學班及升韓國大學班。並成立職業班招收師範科及商業科各一班，該班學生三年畢業之後，因經費不足而停辦。一九七一年六月十九日畢業典禮舉行第二大廈落成儀式。一九七四年三月，宿舍竣工，明洞十一班學生遷至延禧洞上課。七月十日，理事會與漢小董事會簽合議書，漢小付給本校遷校經費韓幣五百萬元，將明洞僑中所有建物全部讓與漢小使用，並附註但書。學生餐廳以及第二大廈接建教室三間於十月落成。是年，學生人數達二千八百二十六名，計四十一班，為歷年來最多學生人數。一九七五年四月於第二棟大廈續接建一層教室四間（六百八十萬元），於六月五日竣工。九月，開始擴增化學、生物實驗室及圖書館設備。

一九八三年一月王瑞武先生任第八屆理事長，三月本校為配合韓國高、初中學生校服自律化，宣佈廢除校服。一九八四年七月于亞夫校長請辭退休獲准，八月由本校教師孫樹義先生繼任校長。一九八五年一月，王瑞武先生連任第八屆理事長。十月十五日經本校校友遲明善介紹與論山女子商業高等學校締結姊妹緣。一九八六年一月二十日開學典禮，電腦教室成立。十二月，王理事長當選僑選監察委員，自本學期起實行混合分班制。一九八七年一月理事會改選，趙樹林先生當選第九屆理事長，薛榮福、宋福順先生任副理事長。十月，回復校服制度。一九八九年一月理事會為加強陣容，由鄒堅大使增聘理事八人，理事會改選，趙樹林先生蟬連第十屆理事長。校刊《漢聲》增加篇幅十六頁，開闢「學生自修園地」分期刊登回國升大專甄試試題。一九八九年十二月，漢城華僑協會（會長姜樹棟先生），捐贈十六位元電腦二十臺。

一九九〇年五月五日校慶，理事會更新電腦教室桌椅，使電腦教室煥然一新。一九九一年二月，使用僑委會補助之一萬五千美元，於第二大廈一樓改建物理化學實驗室合併為一間，並更新實驗桌、櫃。五月五日第四十三屆校慶校友鞠柏嶺先生將韓戰時期，本校在釜山下端艱苦情況之珍貴照片，提供展出。一九九一年五月三十一日，理事會改選，選出常務理事十五人，十二月十日由譚永發先生任理事長，宋福順先生任首席副理事長，劉國興先生任副理事長；九月以僑委會補助之一萬五千美元，更換辦公室桌椅；十一月為配合韓國政府政策，防止大氣污染，宿舍暖氣設備改用輕油燃料，並更新部分陳舊損壞組件。一九九二年二月，韓國各大學發現華僑學校高中部韓大班學生雖三年課業授畢，但卻提早半年畢業（因中韓學制不同），不合韓國教育部法令，不准依往例參加韓大入學考試。為遵守當地法令，經校務會議議決，應屆韓大班畢業學生四十名返校上課，授以升韓大所需之課程，並採用當地課本。一**九九六年**八月，增設高二、高三韓大進學班五班，並委託明治高中梁校長謹錫聘請韓藉老師十位，除國文、歷史、地理、公民外，其他課程全部採用韓國教科書，以落實韓大班韓國化，已得實效；訓導處增設播音室一間，由班聯會同學每日中午定時播音。九月，每班增設班級經營一節，由導師靈活運用。一九九八年三月，開始重整加強班教學內容，將成績低落學生分成上中下三組授課，重編教材，並於五月實施。五月五日五十週年校慶，李總統登輝先生特贈韓國漢城華僑中學創校五十週年「弘道育才」匾額乙方誌慶。十二月初，教育部全額（臺幣兩百萬元）補助本校之物理實驗室竣工，實驗儀器齊備，並購置大型電視及電腦乙組。

二〇〇〇年一月十二日，全體教師返國進修教育課程學分，計有教育心理學、教學原理、班級經營、教材教法。三月九日，僑委會為學校架設宏觀衛視電臺接收器，對了解祖國各方情況及華語文之提昇，助益尤著。六月二十四日，電算中心正式成立，僑委會贈送最新電腦三十臺，其餘電腦、教學透視機、網路設施、室內裝潢等由教育部支助。二〇〇二年二月在第一大廈屋頂，架設「天體望遠鏡圓型瞭望臺」，此項部分款由中華民國教育部僑教會補助，三月二十日竣工開始啟用，並成立「天文社團」。二〇〇三年三月二十四日，理事會改選，薛理事長榮興先生連任，並指名譚永發先生任首席副理事長，蕭悅成先生任副理事長。九月始，為提高學生之華語能力，特於每日中午抽出二十分鐘時間，由廣播組同學帶領全校學生朗誦華語讀本。二〇〇六年九月請校外 EZ Chinese 網各學院孫元昱院長來校輔導學生，就學習中文的方法及應試中語水準考試規則，專題講解。藉機設計「華語水準考試辦法」，受益非淺。二〇〇九年二月六日，首爾市教育廳公布「外國人學校及外國人幼稚園設立運營有關規定」，於二月十二日通知，對韓籍學生學籍，將有條件地給予承認，藉機規劃今後辦學的走向。四月七日，首爾市政府本廳首次撥款本校韓籍教師薪津補貼費韓幣一千四百萬元，今後每年將以不同名目繼續撥款。

二〇一一年六月十日，薛榮興理事長捐贈本校八億韓幣，與前所捐兩億韓幣，合計十億，設立「韓國漢城華僑中學現代榮興基金」，用以改善校舍之用。二〇一二年二月二十一日，順應韓國政府規定，每週授課五日。五月五日為第六十四屆校慶，劉毓生先生及其夫人王順喜女士夫婦捐贈清寒優秀獎學金韓幣貳百萬元。十月八日創校以來學生畢業旅行首次組團回國（臺灣）旅遊，由于植盛訓導主任帶隊，畢可勝訓育組長、盧乃傑導師、崔允禎導師、周維蓉導師帶六十三位同學參加此次活動。

二、學校現況[13]

（一）韓國僑校中學的現狀困境：語言教育的相互消長

韓國僑校有四所僑中、二十所小學。人數最少的是大邱，不到四十。釜山有一百多名，仁川有三、四百名，漢城華僑中學有六百多名。小學情形還好，中學比較麻煩。孩子在學校裡是華人，但媽媽、奶奶是韓國人，所以語言方面差很多，對談時喜歡用韓語。華僑學校，原來是指在外國講華語的學校，可是現在已經完全改變，這和語言有關。

在校內只懂韓語會比較累，因為上課講華文，課本是華文課本，老師是華語老師。學校一週有三節華語，以前有六節。另外地理兩節，歷史兩節，自然、數學也是華語教學。韓國籍媽媽的學生越來越多，母語是韓語，孩子將來要在韓國生存要會韓語。韓籍學生為了競爭來學華語，結果韓國學生反而比華僑學生的華語講得好。辦僑教必須面對華僑學生母語是韓語而非華語的事實。

13 資料主要來自二〇一四年八月十日，訪問孫樹義漢城華僑中學校長之訪談稿整理。

（二）漢城華僑中學的經費來源：學費為主，捐款為輔

漢城華僑中學經費來源是學生學費。薛榮興理事長二〇一一年捐了韓幣八億，之前還捐了兩億，共十億。修了第一樓和第二樓表面和內部，一共兩億七千萬，還剩七億多。學校覺得十億很寬容了，所以將來還有希望。

（三）韓國在一九九九年以前沒有對僑校的配應政策

學校在臺灣僑委會有備案，在韓國首爾教育廳也有備案。一九九九年備案之前，韓國只認為是外國人團體，後面括弧寫教育華僑子弟。一九九九年重新規劃成為學校。韓國在教育這方面起步很晚，起初沒有對外國學校的政策。

（四）韓國僑校師資問題：中韓對僑校師資的資格標準不一

師資方面，當初僑委會華僑學校規程是較舊，師資標準是「有中學以上教學經驗」，沒有教師資格證問題。現在如要從臺灣聘請老師，要有學士學位、四年制大學畢業證書、良民證，還要教師資格證，韓國才發簽證。目前學校教師，有的是過去在臺大、成大念電機、物理的僑生，不修教育學分，沒有教師證。只有讀師大的有。然而當時師資的來源都是各科各大學，不一定是師大，因為僑委會只有規定大學或大專畢業。學校因為都是「老」老師，當然沒有教師證。在韓國政府備案的時候要寫學校規程，韓國教育廳問為何只要大專畢業，沒有別的要求呢？由於學校規程僑委會已有備案，一九九九年辦的時候提僑委會規程沒問題。但後來辦手續便不管僑委會，執意按照規定，不論韓國所有的外國學校都一樣。

目前學校大部分老師沒有教師證。曾經到臺灣科技大學、醒吾技術學院修習了十二個學分。僑委會以前也曾開班，什麼科目都有，但上課只有十八節不能算學分，最後只有一張結業證書，沒有用，因為要的是學分證明。因為學校有韓國學生，韓國學生的家長會疑問老師有沒有教師資格證。所以新來教師就要求有教師資格證。韓國大學有開班，但韓國必須要足夠人數才開班，且要四個假期的時間，雖然僑委會有預算補助學分，但老師的意願不高。

（五）漢城華僑中學的臺籍教師狀況：較優質但服務時間不長

現在學校有臺籍老師，臺灣老師適應力比較強，但一般待不久，最久六年。臺灣目前有一個資深教師獎勵，也很好，鼓勵老師、補貼老師。學校還有中國大陸老師，吃虧在不會韓國話，因為在學校還是有很多時候要講韓語，譬如和家長聯絡。有一批中國大陸朝鮮族的學生，進韓國學校，卻因不通韓語被排斥。

僑委會每年都有派文化老師指導，他們都是行家。但對學校而言，就有道具的問題，如學舞蹈，服裝就會有問題。韓國雖然可以做，可是韓國人總是比較不會做中國的舞蹈衣服。在學校也要寫書法，還有就是烹飪，在海外推廣的話，要有個成果，有一種是成就感，推廣得好，這是榮譽。

（六）漢城華僑中學的教材以臺灣教材為主

現在學校是用臺灣教科書，但是僑委會也很鼓勵學校可以自編教材。但要自編並不是那麼容易。南一書局有教具，也有影片，所以這方面還可以。因為四所學校的孩子要競爭臺灣的科系，尤其是醫學院，書不一樣的話很難比較。大家都用臺灣教材，要自編得看學校的能力，當然可以做，只是老師還要去找資料。

僑委會有設立一個華語文網站，對老師而言滿有用的。僑委會編的華語教科書「華文」，有初中、高中，還有一本中級漢語是有ＤＶＤ，裡面有句型、文法，覺得還挺好的。

（七）漢城華僑中學學生回臺參加營隊的意願有所減少

學生回臺灣參加夏令營意願以前特別高，因為沒地方去，而且臺灣的費用也不高。現在臺灣開始要收錢，加上韓幣一直貶，參與人數就少了。

（八）漢城華僑中學學生畢業出路以升學為主

學校學生畢業多半考醫學、法律。一些不念書學生進韓國大學會有問題，不是語言問題，因為根本跟不上。學校理事會有一個政策，就是分臺灣大學升學班、韓國大學升學班，但韓國大學升學班的學生不念書，因為升韓國大學不考試。臺灣升學班要考試從高一就開始念了。所以要考試，考試孩子就念書了。現在回臺灣念書的少了。

（九）韓國政府對漢城華僑中學少有補助

韓國政府對學校少有補助。三年前首爾市市廳給學校一千萬補助韓國老師，但因為韓國老師已經給薪了，因此留由學校使用。還有一次樂隊樂器老舊，也給一千萬，之後就沒有了。後來發現是依區補助，漢城華僑小學、永登浦華僑小學，還有一個蒙古學校，把我們劃在一起。蒙古學校他們發了五次，我們兩次，漢城小學也是兩次，有一次永登浦華僑小學沒有校長，也給補助費要他們趕快請校長。

（十）韓國僑校的教育發展重點在提高競爭力

總歸而言，韓國僑校教育未來的發展，重點在提高競爭力。華僑要提高經濟地位，沒知識怎麼會有目標。另外，華語文、韓語、英語三種語文很重要。在馬來西亞、新加坡都是使用英文，這就是競爭力的問題。

漢城華僑中學大門

過去的華僑中學大門

教室大樓及黃土操場

教室外長廊布置相當多的海報，除了學校公告外，也包含如世界偉人介紹、世界各地的新聞等，相當具有教育意義

第五節　仁川華僑中山中小學

仁川華僑中山中小學為完全中學，位於韓國仁川廣域市中區。小學部創立於一九〇一年，當時華僑已形成生活圈，需要校舍教育子弟，遂由時任仁川領事張國威任學監，取名為「仁川華僑小學」，是韓國最早創立華僑小學。由「私塾式」逐漸發展成現代教育，目前有幼稚園、小學、初中、高中學制。

仁川僑校共有二十七位老師，其中二十四位韓國華僑，三位臺籍老師。學生包含幼稚園約有四百餘人，組成有華僑學生、韓籍學生、中生。學校主要依靠學生學費因應學校支出。目前中區區廳正發展中國城地方特色，以該僑校作為中國城的主要教學場域。目前該校以中華文化作為教學本位，並致力擴充硬體設備與安排學生日後發展。

一、學校發展與沿革[14]

一九〇一年，仁川華僑中山中小學借用中華商會（現仁川華僑協會）東廂房，仁川領事張國威先生任校監督；副領事金慶章先生兼掌校務，為首任校長，並定名仁川

14　韓華學報編輯室（二〇〇一）。〈仁川華僑學校建校百年史略〉，《韓華學報》，創刊號：219-234。

華僑小學。初創時學制為七年：初小四年、高小三年。時外道地區如群山、大邱等地僑胞子弟多來就讀高小。後來學生日增，因無正式校舍，金校長發動南北幫各僑領捐款，於現在中學部大樓位置，增築三間教室。學制改為六年，行政組織與今略同。未久，仁川領事部曾廣勛先生接掌校務，仁川華僑中山中小學董事會正式成立。

一九四二年七月，孫景三先生為仁川華僑中山中小學董事長，鑒於學生數目日增，原有教室不敷應用，遂倡導於校內增建二層樓房，上層為禮堂，下層做教室。

一九五〇年六月二十五日韓戰爆發，仁川失陷，仁川華僑中山中小學為之解散。同年九月十五日，聯軍登陸收復仁川，九月末，校舍經整修復校。一九五一年一月四日，仁川再度陷敵，仁川華僑中山中小學因之二次解散。未久，聯軍再度收復京仁地區，避難之僑民亦陸續返回仁川，當時僑領呂季直先生倡議復校。同年八月二十日組成董事會，九月一日正式復校。一九五五年一月十七日，仁川華僑中山中小學在一九四二年所建之校舍二樓發生火災，全部焚毀。校中設備及圖書檔案等亦均蕩然無存。仁川華僑中山中小學董事及僑領均認此為前人遺產，又為教育所必需，勢必重建，乃決議請求各方援助，重建現在之復興堂。現小學分為六班，教職員十名；另外附設幼稚部二班，教職員三名。小學部授課課程與國內完全相同，但另增設韓語課程。除韓語課本外，教科書全部由國內僑務委員會贈送。一九五七年九月一日。因仁川地區之小學畢業生多赴漢城僑中升學，早晚奔波，乘車來往於京仁之間，在精神、體力及時間上諸多耗損，尤其家長對子女之安全，更多關懷。當時小學董事會董事長呂季直先生，有鑒於此，遂倡議創設初中部。

因初中部學生日增，環境較佳者，畢業後，可分赴漢城或釜山高中；環境較差而失學者，大有人在。一九六四年九月一日，正式成立高中部，使致仁川華僑中山中小學成為一完全中學。

二、學校現況[15]

（一）仁川華僑中山中小學的財務困難：幾乎完全靠學費因應

一九〇一年華僑來韓，孩子沒有地方接受中國教育，由兩個小廂房開始了私塾式的教育，然後慢慢發展成華僑小學。學校資金來源主要靠學生學費因應，僑委會提供教科書，教育部每年補助臺幣三十萬。如此環境下辦華僑學校，的確比較困難，因此老師待遇就比較差一點。所以退職金，師資缺乏等等問題便因而衍生。新進老師基本薪資一個月差不多一百八十萬，大概臺幣五、六萬。導師大約兩百多萬，臺幣六、七

[15] 資料主要來自二〇一四年八月八日，訪問孫承宗仁川僑中山中小學校長之訪談稿整理。

萬。以十年資歷為例，一年約四千萬收入。韓國物價昂貴，冬天，暖房費也貴，維持一個家庭不容易。臺灣國民義務教育學費低廉，然而華僑要付學費負擔也重。仁川學費是四所僑校中最便宜的，一整學年兩百多萬，教科書全部包括在內。老師薪資盡量節省，相對於一般公立的韓國學校年俸有五、六千萬韓幣，還有退職金，福利很多，學校薪資差太多。

（二）仁川華僑中山中小學的募款情形：緩慢穩健的經營

募款只能盡量，雖有校友獎學金但不多。目前，韓國中區區廳為繁榮中國城，一年約有四、五千萬的補助，但不是直接補助，是依據設備需求，如學校漏雨防水工程，桌椅、視聽教室採購等。因為募款不多，募款經費並未占很大比例。也因為經費不足，教學設備無法一次到位，只能慢慢做。學校不會主動找家長募款，但校友會等組織已陸續成立，由畢業有成的校友拿一點錢來拋磚引玉。

（三）仁川華僑中山中小學的學生來源：來自華僑、韓國、中國大陸

生源一直是華僑學校最大的問題。包括幼稚園，學校差不多有四百多位學生，主要來自華僑、韓國、中國三地，華僑學生人數最少。僑校的學歷不被韓國政府認定，未來如要轉讀韓國學校，須經檢定考試後方可進入韓國初中、高中。如繼續在學校升學，是可以留學生身分到臺灣或中國大陸去讀大學。這時，韓國人如果會講華語，是很有利的條件，再加上臺灣、中國對韓國學生也優厚，自然就可以留學生身分讀書。現在韓國華僑，雖有去臺灣的但還是留在韓國多。去年三十位學生中有十位學生去臺灣，學生如果考得不理想就留在韓國，考上臺灣好的學系，如醫學，就去臺灣。

學校收韓國學生是不符合韓國政府法令的，希望韓國政府能給最多能收到多少百分比韓籍學生配額，因為如果沒有韓國學生學校學生會很少。但這不容易，韓國政府法律規定韓國學生要讀外國人學校，至少要在外國住滿一定時間方可入學就讀。另外，韓國也開放外國人在韓辦校規定，有許多外國人學校陸續成立，這也影響到學校招生。

（四）韓國華僑三十年來最大的變化是母語的被同化

三十幾年來學生母語熟悉度是有變化的，過去華僑學生很會講華語、山東家鄉話，約七、八年前開始孩子喜歡用韓國話溝通，漸被韓國文化同化。學校最重要的核心價值是傳授中國文化教華語，盡量在學校推行說華語。語言改變也使得學生讀書方式變了。之前小孩懂華語，學其他科目也容易，華語不好，自然、數理也聽不懂了，後來數理程度也隨之變差，到了高中又更難教了。

（五）仁川華僑中山中小學與家長的關係：互相信任

學校與家長關係很好。韓籍學生因為對中國文化的愛好，以及理解中國在未來世界地位的重要性，他們對華僑學校抱很大的期望進校。學校建議在僑校高中畢業的，最好去臺灣讀大學再回來讀研究所。如此臺灣、韓國都有人脈，未來在韓、臺兩地都能游刃有餘。

（六）孫校長在仁川的求學時代：學生較多，華僑社會和韓國社會有隔離

一九六〇年到八〇年代戰後嬰兒潮學生較多，當時仁川中、小學學生約一千兩百位，一個班級有六、七十位學生。後因朴正熙總統遇刺，政局不安、當時華僑有置產限制，很多華僑移民到美國、臺灣。加上節育生小孩子較少，使得學校學生數逐年減少。

過去華僑社會和韓國社會是有隔離的，華僑多不太會講韓語，協會備有翻譯，協助華僑與政府溝通。而現在韓語都講得很好，協會角色也沒那麼重要。對下一代而言華語幾乎沒有基礎，進到華僑學校反而像到外國學校。其實學生學前教育應是華語，但孩子學前說的是韓話，要進幼兒園才開始講華話，所以幼兒園老師很辛苦，因為用中文授課時，必須用韓語不停解釋。自然而然，華僑學校學生華語程度漸低，可欣慰的是，至少他們會兩種語言。

（七）仁川僑校的學校立場：仍希望以中華文化為本位

現在韓國不認定華僑學校是外國人學校，而是「各種學校」。曾經有位研究韓國的日本教授來考察學校跟韓國政府關係，發現跟北韓學校在日本的情形一樣。韓國政府在日本設的學校是以日語來教授，臺灣學校在日本也如此，但北韓學校卻一直使用韓語在教學，沒有忘了韓國傳統文化。所以很多南韓僑胞到日本也喜歡讀北韓學校，就是因為一直保有韓國文化的關係。但如此就不會得到日本政府的補助，所以這位教授來考察學校是否得到韓國政府補助時表示，日本政府會強制他們要教日語。

如果現在改成韓語授課，那華僑教育就失去意義。有位臺灣來的教授建議學校可以利用放學後教授華語，走歐美路線，但如此就不是華僑學校了，而是中文班的方式。目前，中文班在歐美可成立，因為歐美是以英語為主，在如此情形下附帶教華語可以。但韓語附帶教華語的話，比較沒辦法接受。韓語語源也是華語，有些名詞發音一樣，只是摻雜了一些英美式的外來語。北韓現在還是用中式外來語，韓國人現在也重視中國話，他們高中所學的國文幾乎都是華文的。所以現在要華文附屬在下面不適合。雖為了補助沒有辦法，但也不能放棄中華文化。

一九七九年行政院長孫運璿到韓國來參訪僑校，開始免費提供教科書直至今日。目前一些非核心教材已無供應，如音樂、健康與體育、美術等。臺灣有文化老師前來僑校教導，如慶典活動的舞龍舞獅、民俗舞蹈等。因為學校沒有師資，便利用錄影記錄下來，當慶典的時候把動作再重新學習，以稍微補足一些特殊專業的師資。

（八）仁川僑校的師資問題：臺籍教師對在地瞭解不足、師資缺之

師資問題最大。學校有二十七位老師。臺灣來的，一位是替代役，一年以後發現韓國可以服務，便留了下來。一位是女老師，是網路上招聘的國文老師。剩下大都是讀臺灣大學的華僑。他們經驗豐富，了解華僑社會文化、演變過程、生長環境、父母狀況等，但未受專業教育訓練。臺灣老師雖專業，但對學生生活背景不清楚。學校最需要是數理老師，但學生讀了理工科，多不回到學校教書服務。到臺灣募集老師是一個方法，最好是能請到退休的老師，既有經驗也無經濟壓力。華僑老師跟臺籍老師相處很好，學校常有座談會交換感情。教高中以新老師為主，因為學生考臺灣大學時需加強中文。但新教師教初中就不行，因為語言溝通上較有問題。

（九）海外僑校的教師資格問題：師資培育法的證書發給

教師培訓很重要，臺灣派老師來上課，或老師回臺灣上課，其實沒有多大幫助。幾天時間內很難學到東西，也不能講專業課程問題，只能講行政方面。現在學校重要的是要建立老師向心力。由於老師大多沒有教師資格證，雖然臺灣可以修教育學分，但不發給教師資格證。像前校長是師大工教系畢業，當時畢業後，要回僑居地實習一年，實習一年才給畢業證書與教師資格證。可是在韓國服務完後，畢業證書寄來，教師資格證卻要自己去辦理。結果因為回臺灣機會少，沒想到突然從師範教育法改為師資培育法，就不給了。反而韓國政府，前幾年在韓國讀教育行政研究所，都拿到教師證了。

（十）仁川僑校對回國營隊意願不高：師資缺乏、金錢時間難以配合

除了參加救國團，其餘回國研習參與意願不高。一是人數很少，有時候又要機票，還有時間太長。二是現在有中國大陸競爭。三是學生回去要有帶隊老師。最近有國際志工，學校也沒有申請。以後可以在學校辦夏令營，請學生學華語。現在華僑青年會每年夏天都有結合韓國的一些克己訓練院，讓學生體驗一些克己的訓練，培養團隊精神。不過這都是用韓語教學，如果是配合上中文的話會更好一點。

華僑青年會是有心青年組織，以臺灣而言就像以前韓國華僑反共救國青年會。韓國每個地方都有青年會，是華僑協會的附屬，也有婦女會。青年會每年會舉辦幾個活動如青年節、夏令營，有的時候募款捐給學校獎學金。現在華僑都忙自己的事業，能出來這樣做已經是很不容易了。

（十一）仁川僑校為維持中華文化有許多課程與活動

學校有慶典活動維持中華文化，一開始是青年節，再來兒童節，再來校慶，然後是國慶節，現在國慶節跟臺灣三十年前國慶節慶祝方式一樣。另外每學期都有書法、中文演講等學藝比賽，師資請國文老師來指導。學校現在每禮拜都寫書法，是定期共同作業，學校舉辦有一些強制性，學生有興趣都可以參加。

韓國有韓中文化院，常請中國老師來教韓國人中國文化，像琵琶、古箏等，最重要就是傳授中國文化。師資有來自在韓的中國留學生，費用很少，文化院給老師的費用幾百塊臺幣而已，只是場地維持費。對中國大陸師資而言，沒薪水也願意，因為回去以後是一個很好的資歷，只要給吃住就願意來了。

（十二）華僑學校若求發展，未來在軟硬體方面都極需投資

情勢一直在改變，華僑學校未來設備、師資要是能好，自然可以吸收到很多學生。有些華僑看到學校環境三十年沒變，對學校沒有信心，便把子女送到韓國學校，經濟比較好的送到外國人學校。學校設備不敢說和韓國學校一樣，學校盡量增添設備，希望至少能趕上一半，臺灣教科書附有光碟片，那也得有播放媒體才行。再加上臺灣的教科書看的是臺灣的東西，比如說蓮霧，韓國根本沒有蓮霧，所以能看到很重要。把設備做好，學生也會增加，一定要增添投資。師資、教學方面也要改，不能照著古老的方式，以現在韓國學生來講，要讓他們覺得他們的選擇是對的，要給他們做一些安排。我們學校電腦的軟體部分，也希望可以請臺灣幫忙。

（十三）仁川僑校學生的來源地相當廣大

學生來源範圍很大，首爾也有，因為首爾很方便，坐地鐵就可以。如在漢城華僑中小學還要轉車才能到。甚至永登浦的都來，因為比較方便，再遠的地方從安山，要坐一個半小時公車才能來，來回就三小時，沒有交通車他們還是願意過來。所以上課時間不能跟國內一樣，學校八點二十分到校早自習，九點鐘開始上課一直到下午四點

五分。但現在教育不再強迫，有些孩子來了就打瞌睡，也有這種情況。

（十四）對僑校教師的鼓勵：應重視榮譽感

臺灣方面對於資深教師的鼓勵，對於僑校教師建議可比照臺灣政府發給像師鐸獎的獎勵，以前會請老師來漢城，在教師節大會上發給獎勵，現在沒有了。但學校理事會到了教師節，會請老師吃頓晚餐，藉著聚餐公開發給老師三十年獎金、獎狀、獎章，讓人有榮譽感，至於獎金多少不重要，有榮譽價值的紀念品好一些。

仁川華僑中小學操場和禮堂

一九〇一年，借用中華商會東廂房開設教室

仁川華僑中小學校門與石獅

仁川華僑中小學建校之栽植，已有百年的歷史

第六節　釜山華僑中學

釜山華僑中學成立於一九五一年，位於釜山廣域市市中心，校齡七十二年，為六年制中學。釜山僑中與漢城僑中的前身原屬於一體，名為「華僑中學」，原設於漢城大使館後院，後隨韓戰爆發南撤。一九五四年元月，華僑中學正式搬移至目前清館街的位置。此地原為清領事館，由王東原大使決策改為學校。因華僑中學的部分學生遷回漢城就近就讀，釜山一處遂正式獨立為「釜山華僑中學」。

釜山華僑中學師資大部分為當地華僑，目前另有五位臺籍老師。學生人數約一百一十名。大約65％是華僑、15％中生，20％韓籍學生。校務運作主要靠學費收入，學費一學期約一百六十萬韓元。同時，與釜山市政府、中華民國僑委會保持良好合作關係。僑委會的經費補助則主要用於硬體與人事等項目之補貼。

一、學校發展與沿革[16]

一九五〇年六月，韓戰爆發，漢城華僑初級中學避難來釜，幾限停頓。

16 韓華學報編輯室（二〇〇一）。〈釜山華僑中學簡介〉，《韓華學報》，創刊號：215-218。

一九五一年六月，大使館聘請旅韓各地區華僑領袖合組董事會，覓定下端山麓（現釜山東亞大學下端校園），搭建帳篷五帳作為教室開課。七月戰爭期間，在校生增至一百三十七名。王東原大使蒞韓，見華僑中學以帳篷為校舍，乃決定在釜山舊領事館興建僑中大廈。一九五三年，王東原大使責成大使館一等祕書張元朗督導興建僑中大廈。首先完成忠孝村建設，收容難胞騰出舊領事館充本校校址，於是年冬成立建築委員會。時校中帳篷因飽經風雨，破碎不堪難以繼續上課，乃動員全校師生，築土鋸木，奠基架柱，不旬日即於領事館舊址完成臨時校舍，勉強開課。一九五四年，新校舍興工，因得中國大陸救災總會及美軍釜山基地司令惠德堪將軍援以器材，同年七月，順利落成。秋，韓戰停火，難民陸續復原，該校學生半數返漢城開課，同時更名為「韓國華僑中學」，學生共五班，二百三十九名。一九五五年，新董事會成立，即著手募集學校基金，同年五月，變更校名為「韓國釜山華僑初級中學」。並增闢教室及男生宿舍三間、女生宿舍二間，成立中國童子軍釜山第一團，九月，參加僑務委員會舉辦之華僑教育展覽會，成績優異，榮獲嘉獎。一九五六年，增闢第二運動場，擴充圖書館。一九五八年，新校舍落成。一九五九年，增闢教室三間，宿舍二所，水泥球場一座，九月，增設高中部一班，並更名為「韓國釜山華僑中學」。

一九六四年，感於教室不足乃組織建築委員會興建大廈，經數月奔走募款，加以中華民國駐韓大使館，僑務委員會及其他有關機關、熱心人士之協助，於九月大廈順利落成。一九六五年，增設師範班一科，學校行政組織略有增擴。一九六七年董事會在龍湖洞購置校地七千餘坪，預備將學校遷至郊外，但因建校經費浩大，雖經數度研討，終未付諸實施。一九七〇年，因建校問題遲遲未決，增築教室四間，宿舍二棟，收容日漸增多之學生。

一九七一年，全校學生達一千一百零九名，創歷年來最高。一九七二年，因旅韓華僑返國定居及再次移民者日增，致在校學生人數略減，為改善環境、增加設備、提高學生成績起見，請求僑委會援助，整修學生廚房、廁所，符合現代化標準；並增修大廈，一樓設學生餐廳，二樓設圖書館，三樓設理化實驗室，四樓設音樂廳。一九七四年，為謀求學生升讀韓國各大學時不致因語言不通感困難，增加韓語授課時間。一九七六年，在校學生已減至七百七十七名。一九七九年，釜山僑界鑑於「釜山華僑中學」、「釜山華僑小學」及「釜山華僑西面小學」，分別有其不同的董事會，而其董事成員又多所重疊，造成不必要之人力浪費，由三校常務董事會各自解散後另組成「釜山華僑中小學理事會」。一九九七年，因就讀韓國本地大學的學生日多，在高三增加韓國社會及韓國史地等課程。一九九九年理事會改組，王永鎮先生當選為理事長。林行先先生為第五任校長，翌年春，成立電腦教室及開始電腦教學，並在辦公室為每位教師裝設桌上型電腦。二〇〇八年孫顯忠先生出任理事長，范延明先生為第六任校長，整修餐廳、教師宿舍，引進都市瓦斯設備，並於各教室安裝冷暖氣機，學校並從國內聘請專業教師以改善師資。

二、學校現況[17]

釜山當地之華僑協會相當團結且支持中華民國政府，盡心於中華文化的保存與發揚，釜山華僑學校亦然。同時釜山華僑學校因地處中國城之中心，對當地社區營造有不可抹滅之貢獻。

（一）釜山華僑中學與漢城中學前身皆為韓國華僑中學

過去釜山華僑中學是韓國華僑中學，學校與漢城中學是同個前身，當時漢城中學因戰爭遷到釜山，在山上搭帳篷讀書，韓戰結束後韓國華僑中學回漢城，釜山中學就獨立了，有一部分的學籍資料還留在學校裡面。一九五三年底韓戰結束兩年多，學校正式搬到現址，這裡原來是清朝領事館，所以這條街叫做清館街。清朝的領事館其實

17　資料主要來自二〇一四年八月八日，訪問范延明校長之訪談稿整理。

是袁世凱的軍營，後來王東原大使決定把這塊地方給學校來用，重新建了一些建築，成了現在的華僑學校。

（二）釜山華僑中學的經費來源：以學費為主

學校經費來源主要靠學生學費。學費目前初中一學期是一百五十五萬左右，高中一百七十萬左右。學生人數一百一十位，所有支出都夠，估計學校有一百個學生便可維持。如果小學部韓國學生離開，學校便很難維持。雖中學韓生比例沒有那麼高，但是慢慢也會受到影響。另外，校地是中華民國國有土地，萬一以後學校不能經營，要小心土地被中共接管，中共在九〇年跟韓國建交時，這裡被當作外交用地，差點就被移交給中共。目前因華僑學校在辦學，所以尚可維持，但萬一學校不存在，他們很快就會把手伸進來，何況這個地方是市中心。

募款方面，董事會有一筆韓幣大約七億的基金，臺幣是兩千萬左右。基金盡量不動用，因為一拿出來用馬上就沒了。基本上學校還是自力更生，錢是董事會捐，目前學生數夠董事會不需要捐錢。即使有家長主動想捐，學校還是沒有向家長募款。韓國家長覺得贊助學校很正常，在韓國學校當老師，三節很多人送禮。

（三）釜山華僑界對中華文化與中華民國向心力強

釜山華僑比較團結。漢城曾經分成兩派，一個是對中華民國政府的華僑協會，另外一個是中共領事館扶持的僑民協會。中國大陸也曾將此手段用到大邱，但到釜山沒有用，因為釜山沒有一個人去做他的會長。所以釜山只有一個協會，縱使中共想進來，還得與華僑協會來往，學校立場不會改變。漢城中學有一些教師從中國大陸來，也用中國大陸教科書，但釜山沒有。地方傳統與僑領不會讓學校變成模稜兩可處境，至少目前都很支持。

學校從臺灣請的老師反應很好，下學期有三位替代役，兩位自聘，還有兩位實習老師，加起來是學校老師的一半，因此學生的華語文能力要比其他學校好。現在的目標不是拚考試，考試從二〇〇八年以後一直是釜山考得最好，現在是比學生的華文能力。現在一般小學學生跟當年不一樣，過去都講華語。但現在孩子媽媽是韓國人，孩子自然講韓語。到了小學明明是華人但華語講不好，教起來就很困難。有一段時間小學老師也跟他們說韓語，等於到外國語學院把華語當外國語來學。但到了中學以後，成績馬上一落千丈，因為中學跟小學的課本內容層次不一樣，當外國話來學很難吸收。所以學校初中國文包括作文六堂課。語文輔導課是八堂課，不用考試，只要帶他們講華語，說故事、討論韓劇都可以。這樣做是第四年，慢慢有效果。去年參加正中書局舉辦的海外華校華文短劇比賽，拿第二名。表示至少有一點效果，很多家長也贊成。

（四）僑委會對釜山華僑中學的補助：以計畫申請，部分補助

雖然僑委會有不定期的支援，但僑委會對華僑總是心有餘而力不足。學校比較謹慎，會判斷事情是否需要請僑委會幫忙，先是理事會商量，然後和代表處商量，再決定是否申請補助。學校寫公文請僑委會支援，說明金額與計畫，然後部分補助。學校很多需要做的項目都會跟僑委會商量。中國大陸領事館也會問學校的需求。釜山領事館每一個華僑學校一年需要一萬美金補助。前幾天總領事與僑團吃飯，問為什麼釜山華僑中學不要補助，只要寫出來他們就有辦法，但覺得我們是中華民國的學校，和他拿資源很矛盾。

（五）釜山華僑中學的學生來源：華僑為主，尚有韓生、中生

現在學生家長主要還是華僑，只要將孩子送到學校，一定支持學校。目前學生來源65%是華僑、20%是韓國學生、15%是中生，如此情形大概能維持五年，因為華僑的比例會越來越少，看小學就知道，現在新生幾乎都是中生。中國新移民的孩子到韓國學校

去會被排擠，所以寧願到華僑學校來，這種情形越來越多。如父母雙方一是韓國人，一是華僑，這些孩子以前百分之百都送過來。但現在有些年輕人的國家觀念淡薄，居處若離華僑學校比較遠，就會送到韓國學校去。以前再遠也一定會送到華僑學校來。

如此轉變一則覺得護照不好用。以前覺得華人是大國，做韓國人很丟臉。現年輕人不這麼想。過去若媽媽是韓國人，孩子就會自卑，現在班上70％以上媽媽都是韓國人，認同韓國很正常。學生減少的原因，一方面現在小孩子比較少，另外不來讀書去讀韓國學校。

以前最遠有從濟州島來的學生，現在濟州小學也沒有了。鞍山新僑中生比較多，通常會選擇到釜山來住校，因為仁川沒有宿舍，又不想到首爾讀書，就到釜山。學校宿舍一半是中生，中生幾乎都住校。蔚山比較近，搭車一個小時左右。所以最遠會到鞍山，鞍山到這邊不只兩個小時，韓國高鐵到不了。中國大陸來的人和我們華僑剛出去一樣，彼此打聽學校。怕學校人數太多進去會被欺負，也擔心老師對中國大陸學生有歧視，所以不願把孩子送去首爾，即使遠也寧願過來。

（六）僑委會對海外僑校的研習應更有效率的運用

僑委會派海外巡迴老師，學校比較喜歡文化老師，如舞蹈一定會申請。至於教學研習老師，比較沒有作用。因為老師覺得既然已經教國內課文了，便不願意參加研習，只能靠校長強迫。有一段時期理事會規定老師要到臺灣受訓，學校出機票，僑委會針對韓國中小學老教師上課一個禮拜。一個禮拜其實對僑委會負擔很重，因為臺北市吃住一個禮拜四十個人是很大的花費。不過由於中學老師、小學老師、文科老師、理科老師是坐在一起教，基本上沒有什麼作用。

另外也有針對全世界僑校教師的研習，每年標題、重點不一樣，學校會有一、兩個名額。但發現每年參加的老師都是那幾個。學校老師去研習，幫他們付來回旅費、出差費，結果上了四天課，卻到親戚家玩一個月，回來對學校一點幫助也沒有。學校認為沒必要就不做了。首爾學校大，經營得好，可以當成讓老師休假。釜山沒有這樣條件，所以最近幾年學校沒有派。如果未來僑委會想辦研習的話，韓國華僑中學只有四間。四個學校合在一起變成單獨班，有可能有效果，分組更好。如和小學或其他學校合在一起，是不會有效果的。僑委會如果真要做，因為大部分韓國的學校經費都很困難，可以補助經費。如是單獨一個班，至少一個學校要派四五個老師去才能湊成一個團，五六個人的經費對學校是一種額外的負擔。

（七）談僑委會對海外教師教學研究的補助：華僑教師對教學研究意願不高

學校並不是很需要僑委會補助學校教學研究經費，因為要現有老師去做教學研究是困難的。早期學校老師都教了二十年以上，可說是鐵飯碗，研修及參加在韓國的資格認證或韓國教師會的意願較低，對於研究編教材的意願不高。編教材只限於高三任課老師不做不行的應試講義，其他課要自編教材是有難度的。這裡的老師有臺灣聘、替代役、以及當地華僑三類，所以現在只要學校有空缺，通常都會從臺灣聘老師過來。

僑委會還有開辦一些海外民俗文化種子教師的培訓班、華文網路種子的教師培訓，老師應該也不會有興趣。基本上老師在寒暑假是有放假的，這時間請老師去參加研習，老師意願不高。學校又是教務、行政合在一起，因此其餘老師只能留在學校。

（八）韓國政府對釜山華僑中學的補助：市政府因中國城故，有些許補助

基本上韓國不承認學校的學歷也不會支援。但釜山因有中國街，慶典時會配合做一些活動，因此釜山市政府從二〇一二年開始每年補助學校韓幣兩千萬元，其他學校不一定有。這兩千萬由學校寫項目，每年固定下來，學校利用此經費每年花五百萬購

買新圖書，另外則用名目將經費撥到學校正常經費裡。比方現在的實習老師，便是以為了提升華校學生語文能力需從臺灣聘請老師的名目申請。

（九）釜山僑社對中華文化的保留相當注重

僑社對文化保留是很注重的，所有慶典活動都會做活動。雙十節可能很多臺灣學校都不過了只是放假，但學校十幾天以前要開始準備，所有僑胞當天都會集中在學校操場觀賞表演。另外學校舞龍舞獅，每年都會參與釜山中國城的慶典表演，大邱也經常請學生去表演。

僑委會每年派文化老師來教學民俗舞蹈、書法。學校沒有申請，因為練書法對現在的孩子而言是吃力不討好的事。以前的學生家裡會學，可是現在一般家裡不會鼓勵。現在的小學生學才藝，彈琴、畫畫，不學書法。有一段時期釜山中小學的書法在韓國是有名的，因為當時學校及家長重視。中學有書法課，初一初二學生要參加漢城學藝比賽，全韓國的學生都去，當時連續幾年都是中小學組的書法冠軍。可是後來家長對這不太熱衷，就沒繼續了。

（十）談臺灣青年觀光團夏令營：經費昂貴、成效不佳

學校參加文化活動都太短暫，成效上並不顯著。其實文化的傳承是需要長久延續的。臺灣辦的青年觀摩團夏令營，以前很流行，現在少，因為釜山沒有人參與。原因是都從首爾出發，由漢城青年會負責，青年會又外包給旅行社，等於說中間又扣到一筆費用。其次經費昂貴，僑委會的補助等於看不到。家長認為到臺灣去搭釜山航空馬上就到，有親戚帶著，花這麼多錢沒有意義。

如果由學校方每年辦一個夏令營到臺灣，比如釜山華僑中學跟小學合起來辦倒有可能。對學生而言兩個禮拜在不同環境裡，語文能力一定會提高。在臺灣不可能講韓國話。現在到臺灣畢業旅行都自己辦，不經過旅行社。自己跟中華航空訂位、洽談臺灣旅行社，中間沒有剝削，因此家長意願高，願意花這種錢，因此這可能比較有用。如果是觀光團，沒人去。雖然現在家長生活環境不好，都重視學生研習，只要學校老師輪流犧牲一點，暑假帶隊學生返臺研習，僑委會與中小學配合起來是可以做的，但高中還是準備大學重要。

（十一）韓國僑校中生比例漸高問題：擔心中國自辦僑校

雖然中生越來越多，但學校要有學生才能經營。問題是中生多了以後，中國人就可以自己辦學。如果學校教書品質不如的話，學生流失更多。中共現在有錢，辦學很容易，人力又便宜。學生比較下，新學校設備好，品質好，老師教得好，這會對學校造成壓力。

相較首爾，釜山還不用擔心。因為就算學生再少，中小學是同一個理事會，遲早會合併。人事簡化，經費就省。學校的經費大部分是人事，人事費用省，學校繼續維持沒有問題。尤其像學校是在國有土地上，學校萬一沒有了，土地就沒有了。因此學校一定會在。問題是其他地方的學校，韓國政府會收回去。因為華僑下一代覺得學校沒有那麼重要的話，會把學校處理掉。韓國地區的華僑學校最多也有過三十九所小學，現在剩不到十所。校地都賣掉了。釜山是因為地方大，沒人敢做，而且現在還有這麼多學生。

不過，併到最後不能再併了，哪裡有中學就哪裡有小學。現在有很多地方像大田還有小學，因為靠首爾很近，交通方便，人口多。大田學生大概80％以上都是韓國學生，萬一韓國學生不在了，馬上就會處理掉。處理就會有華僑的產權糾紛。釜山不至於，因為是國有土地。而且這個大家都清楚，學校沒了，中華民國政府的土地就沒了，中共一定會拿走。政府肯定比我還清楚，尤其是釜山有我們的代表處，中共的領事館。

（十二）韓國僑校普遍經營辛苦：主因為華僑人數日漸減少

整個僑校普遍經營得很辛苦。現在華僑的人數少，因為八〇年代韓國政府對華人的置產限制，很多的政策是在想辦法把華僑的錢拿出來。華僑的房地產數量、坪數都有限制。現在無所謂了，因為一九九五年國際ＩＭＦ國際金融危機，韓國需要外國資金的挹注，必須要開放。在那以後才可以的。

釜山華僑中學與漢城中學，前身皆為韓國華僑中學

釜山華僑中學校景

釜山華僑中學外圍牆有宣揚中華文化的布置，這是當地區政府為推廣觀光，補助學校設置的

第七節　小結——困境下求生存的韓國華僑學校

韓國華僑教育的歷史悠久，早期華僑為了使其子女接受傳統中國教育，因此設立了華僑學校，並且培養出許多優秀的華僑人才。韓國的華僑學校在過去也曾有過蓬勃的發展。然而，韓國政府卻對華僑採取了經濟限制的政策，使得許多韓國華僑因生存困難而在一九七〇年代後移民他地。一些韓國華僑學校受到華僑人口減少、華僑學生招生不足的影響，面臨經營不善，甚至倒閉的困境。而華僑學校則必須以招收韓籍學生或中國籍學生來維持學校的正常運作。同時，在全球華文熱的影響下，也使得韓籍學生就讀華僑學校的人數增加，韓國華僑學校的教育現況已產生變化。

本次共訪談韓國五所華僑學校，計有首爾漢城小學董事長吳學彬、首爾漢城華僑中學校長孫樹義、首爾永登浦華僑小學校長秦嗣義、仁川華僑中山中小學校長孫承宗和釜山華僑中學校長范延明[18]等五位。其建議，歸結如下：

[18] 訪談時為二〇一四年與現二〇二一年人有不一樣，漢小現改為理事會，而不是董事會；釜山僑中校長已換人。

一、增加我國華語文教學的穿透力：發展正體與簡體、注音與漢語拼音共用之華語文教材

面對國際學習華語文之趨勢，不論學繁識簡抑或學簡識繁，不論注音拼音或漢語拼音，正體與簡體、注音與拼音已是國際學習華語文的兩大主流。避免二者因競爭而導致一方的消失或式微，合作共用，是增加我國華語文教學穿透力的最佳策略。

二、掌握學習中文的國際潮流：與僑校合作，擴大臺灣對國際華語文占有市場

僑校是目前我國打入國際華語文教學市場的前哨站，與其自行發展華語文行銷系統與機制，不如與僑校建立良好的合作關係。透過僑校的暨有社會網絡，進軍國際華語文市場，將可達事半功倍之效。

三、提升臺灣文化國際能見度：擴大青年回臺研習國際視野與在地思維，並瞭解中文的重要性

每年海外青年返國研習，總流於觀光與刻版文化體驗，同時過於著重在地化的活動設計，讓返國青年的文化體驗流於形式，失去原本良好立意。因此，設置一個兼具國際化與在地化的國際友善環境，從青年需求角度，設計體驗、探索等相關研習課程，讓青年學子能將其感受帶回僑居地，渲染其周遭朋友，以達提升臺灣文化國際能見度之目的。

四、跳脫既有傳統文化推廣模式：設計國際理解之趣味性教材

針對僑生之教材，應站在僑生的位置思考教材的選擇與編制。希望僑生能有興趣學習，教材的趣味性是重要的元素。然而其趣味性必須兼顧國際性、跳脫性，才不致於因文化的隔閡導致教學成效的折扣。

五、推動海外教師職業輔導與訓練，解決僑校教師不足：與師資培育專業機構合作，做好職前訓練

可與臺灣師資培育專業機構合作，如師範體系學校或職訓局，培訓流浪教師或相關有志進行海外教學工作之青年，進行海外教師職業輔導與訓練。

六、提升僑校校務及管理能力：增設僑校行政人員與心理輔導研習

對於僑校的師資培訓向來以教學為主，但對於各地僑校的發展，教師在行政上的

能力也同等重要，校務的運作有賴於行政工作的順暢，建議在師資培訓項目上也能增加相關的行政課程，以發展對僑校行政人員的專業培訓課程。

近年來對於輔導、心理諮商等課程逐漸受到重視，成為學校教育非常重要的一環，同時，僑校也缺乏以中文進行學生輔導的專業人員，這些教師的培訓，相當重要，尤其是以實務為中心的研習活動。

七、增強僑校教師教學知能，發展在地的華語文教師：整合資源，於當地設專門培訓華文師資的專責機構

針對華語文熱潮的興起，海外華語文教師品質參差不齊，可與僑校合作在當地設立專門培訓華文師資的機構，並由臺灣聘請教學專家，訓練當地教師，除能提供當地有更專業品質保證的僑校師資外，對於僑校師資的供應也能有所助益。

八、注意教材的適用性：教材的編製與選用應考慮在地特性

各地僑校情況都有相當差異，因此僑委會在教材編製與提供上，應考慮僑校在地特性。也由於在教學現場的教師最了解實地情形，應該鼓勵老師自行編輯教學教材。

九、順應未來僑校華語文教學趨勢：第一和第二語言教學應同時受到重視

部分地區因為面對越來越艱困的中文環境，僑校若以中文作為主要的教學語言，對於學生學習的成效不彰，遂在這些地區改以第二語言教學，將會是未來趨勢。但部分中文較為盛行的地區，有較強的中文競爭力，則該開放更多管道吸引回臺升學。

十、提升臺灣第二語文教學的能力：培訓臺灣第二語文教學的專業輔導教師

由於許多海外僑校都已將華語文轉為第二外語教學，為因應此情勢，我國可考慮加強培訓臺灣海外教師第二語文的教學能力，以順應海外僑校的教學現實。

十一、僑校師資的遴派考慮在地的需求：以區域為單位安排僑校師資培訓

因各地區教學情況不一，且差距甚大，在遴派師資協助教學的同時，也應考慮到當地的需求，並以小區域為原則進行巡迴教學，方能增加師資的合適性及有效性。

十二、增進文化及教學研習的有效性：延長在地研習及輔導時間並於臺灣進行教師行前講習

部分僑校對於師資的培訓有些意見，認為派來的老師不能有效地針對當地的教學情形給予指導，有學而無用的問題。對此，派任前往培訓的老師，可小範圍長時間進行。同時，對於當地的僑教情形應在行前即充分瞭解，並妥適安排教學方式，以達成研習的有效性。

十三、重視由下而上的思考：進行年度或跨年度僑校在地需求調查

不管任何政策，都需要針對當地需求作調查，以深切知道當地之需要，建議可以用問卷或訪談方式進行，由下而上，以提升相關政策之有效性或未來發展之正確性。

十四、面對族群通婚的趨勢，打造多語言的華僑學校：接受僑校學生母語多元化的事實，重新思考「母語」被同化的問題

隨著華僑在僑居地日久，韓國華僑子女的語言已與當地混同，使得僑校面臨多數學子華語能力不佳、中文程度低落、中文學習成效不佳的困境。因此，為提升僑校競爭

力，發展以中文為主的多語言教學學校，是可以考慮的。不僅可維持僑校傳統，亦可提高僑校競爭力，開拓學生國際競爭力，吸引更多家長送子女就讀，解決生源不足困境。

十五、考量文化教師的多元及普及性：擴大教師遴選面向與師資來源

文化巡迴教師的課程規劃可以更多元，老師的來源可以更廣泛。除了中國傳統文化的教學巡迴外，對於烹飪、資訊，或其他與臺灣文化之象徵意義有關的文化課程，皆可安排進行海外教學。

十六、提升僑校數位化教學能力、充實數位化教學內容：提供不同能力階段的數位化教材，持續推動數位種子教師計畫

各國僑教的語言程度差距極大，往往同樣的教材無法適用所有僑校，造成使用效果的不彰，對此除開發出針對不同程度的學生學習的數位化教材，並設置分級評鑑制度以外，設立各地區的網管中心，以有效編輯、整合出適合各地的數位化內容。

參考文獻

1. 中華会館編，《落地生根—神戸華僑與神阪中華会館百年史》，東京：研文出版，二〇〇〇。
2. 王柏林，〈神戸の華僑社会に生涯を捧げた教育者—李萬之〉，收錄於：神戸華僑華人研究会，《神戸と華僑—この150年の歩み》，神戸：神戸新聞社総合出版センター，二〇〇四。
3. 王德祥校長、吳學彬董事長、姜勇立副董事長之訪談稿整理。二〇一四年十月三十一日。
4. 市川信愛，〈華僑学校教育の国際的比較研究（上巻）〉トヨタ財団研究助成報告書，宮崎：宮崎大学教育学部社会経済研究室，一九八八。
5. 永登浦華僑小學，http://www.yungxiao.or.kr/page12.html。閱讀日期，二〇一四年十一月六日。
6. 田中宏，〈外国人学校生の大学受験門戸は開いたか〉，《世界》，第665巻，一九九九。

7. 吉岡増雄（外），《在日外国人と日本社会—多民族社会と国籍の問題》，東京：社会評論社，一九八四。
8. 李萬之，〈我和神戸中華同文学校〉，收錄於：陳德仁編，《学校法人神戸中華同文学校八十周年紀念刊》，神戸：学校法人神戸中華同文学校理事会，一九八四。
9. 西村俊一，《現代中国と華僑教育》，東京：多賀出版，一九九一。
10. 杜國輝，〈外国人学生を門前払いする国立大学と文部省の石頭〉，《論座》，第35巻，一九九八。
11. 学校法人東京中華学校，《東京中華学校八十年の歩み》，東京：学校法人東京中華学校，二〇〇九。
12. 学校法人東京中華学校，〈東京中華學校學校簡介〉，東京：学校法人東京中華学校，出版年不詳。
13. 東京中華學校，《東華》，東京：東京中華學校，出版年不詳。
14. 范延明校長之訪談稿整理。二〇一四年八月八日。
15. 孫承宗仁川僑中山中小學校長之訪談稿整理。二〇一四年八月八日。
16. 孫樹義漢城華僑中學校長之訪談稿整理。二〇一四年八月十日。

17. 神戶中華同文學校，〈學校沿革概要〉，《二〇一四年度學校簡介》，神戶：學校法人神戶中華同文學校，二〇一四。
18. 神戶中華同文學校，〈教育課程（二〇一四年度）〉，《学校紹介二〇一四年度》，神戶：學校法人神戶中華同文學校，二〇一四。
19. 神戶中華同文學校110週年校慶慶祝委員會，《學校法人神戶中華同文學校建校110週年紀念冊》，神戶：學校法人神戶中華同文學校，二〇一〇。
20. 神戶中華同文學校編作，〈學校法人神戶中華同文學校大事記（一九五九年～一九八三年）〉，收錄於：陳德仁編，《学校法人神戶中華同文学校八十周年紀念刊》，神戶：学校法人神戶中華同文学校理事会，一九八四。
21. 秦嗣義永登浦華僑小學校長／漢城華僑小學前校長之訪談稿整理。二〇一四年八月七日。
22. 秦裕光，《旅韓六十年見聞錄——韓國華僑史話》，臺北：中華民國韓國研究學會，頁139-141，一九八三。
23. 張兆理編著，《韓國華僑教育》，臺北市:華僑文化出版社，一九六〇。
24. 張澤崇，〈日本華僑學校之研究〉，臺北：國立臺灣師範大學華語文教學研究所碩士論文，二〇〇三。

25. 焉晉琦，〈華僑中學建校史〉，范延明編，《釜山華僑中學創校六十週年特刊》，釜山：釜山華僑中學，頁21，二〇一〇。
26. 符順和，〈中華学校をとりまく教育事情―横浜中華街を中心に〉，《華僑華人研究》，第6號，頁105-113，二〇〇九。
27. 許瓊丰，〈戦後日本における華僑社会の再編過程に關する研究―在日台湾人と神戸華僑社会を中心に〉，神戸：兵庫県立大学経済学研究科博士論文，二〇〇九。
28. 陳天璽，〈中華学校に通う日本の子供たち〉，《文化人類学》，第74巻1号，頁156-175，二〇〇九。
29. 陳德仁，〈神戸華僑学校，書舍，学塾的略史〉，收錄於：陳德仁編，《学校法人神戸中華同文学校八十周年紀念刊》，神戸：学校法人神戸中華同文学校理事会，一九八四。
30. 陳德仁編，〈歴代理事・評議員・監事・教職員名錄〉，收錄於：陳德仁編，《学校法人神戸中華同文学校八十周年紀念刊》，神戸：学校法人神戸中華同文学校理事会，一九八四。
31. 黃偉初、張岩松，〈百年校史〉，收錄於：橫濱山手中華學校百年校誌編輯委員會，《橫濱山手中華學校百年校誌》，橫濱：學校法人橫濱山手中華學園，二〇〇五。

32. 裘曉蘭，《多文化社会と華僑・華人教育─多文化教育に向けての再構築と課題》東京：青山ライフ出版，二〇一二。
33. 漢城華僑中學，http://www.scs.or.kr/index1.htm。閱讀日期，二〇一四年十一月六日。
34. 臧廣恩、蔣永敬編著，《日本華僑教育》，臺北：海外出版社，一九五九。
35. 橫浜山手中華学校学則（二〇一四年四月一日），收錄於：橫濱山手中華學校百年校誌編輯委員會，《橫濱山手中華學校百年校誌》，橫濱：學校法人橫濱山手中華學園，二〇〇五。
36. 潘民生〈橫浜山手中華学校の過去、現在、未来〉，《華僑華人研究》，第8號，頁55-60，二〇一一年十一月。
37. 學校法人大阪中華學校，〈中學部用学校案內二〇一四〉，大阪：學校法人大阪中華學校，二〇一四。
38. 學校法人大阪中華學校，〈本校沿革〉，《二〇〇八年度畢業紀念》，大阪：學校法人大阪中華學校，二〇〇九。
39. 學校法人橫濱中華學院，〈學校法人橫濱中華學院簡介〉，橫濱：學校法人橫濱中華學院，出版年不詳。
40. 館奈保子，〈第二章東京中華學校〉，收錄於：大阪大學未來戰略機關第五部門，

《「外国人学校」の社会学——「往還する人々」の教育戦略を軸に》，大阪：大阪大學未來戰略機關第五部門，二〇一三。

41. 韓國漢城華僑小學，《世紀風華漢小情——韓國漢城華僑小學創校百週年紀念特刊》，首爾：韓國漢城華僑小學，二〇〇九。

42. 韓華學報編輯室，〈仁川華僑學校建校百年史略〉，《韓華學報》，創刊號，頁219-234，二〇〇一。

43. 韓華學報編輯室，〈釜山華僑中學簡介〉，《韓華學報》，創刊號：215-218，二〇〇一。

44. 친라이코（陳來幸），〈재일타이완인과 전후 일본화교사회의 좌경화〉，收錄於송승석、이정희 엮음，《동남아화교와 동북아화교 마주보기》，首爾：학고방，二〇一五。

Do觀點77　PF0357

日本與韓國僑教

編　　著／徐榮崇、金恩美
策劃主編／財團法人興華文化交流發展基金會、世界華語文教育學會
責任編輯／陳彥儒
圖文排版／陳彥妏
封面設計／嚴若綾

出版策劃／獨立作家
發 行 人／宋政坤
法律顧問／毛國樑　律師
製作發行／秀威資訊科技股份有限公司
地址：114 台北市內湖區瑞光路76巷65號1樓
電話：+886-2-2796-3638　傳真：+886-2-2796-1377
服務信箱：service@showwe.com.tw
展售門市／國家書店【松江門市】
地址：104 台北市中山區松江路209號1樓
電話：+886-2-2518-0207　傳真：+886-2-2518-0778
網路訂購／秀威網路書店：https://store.showwe.tw
國家網路書店：https://www.govbooks.com.tw

出版日期／2025年5月　BOD一版　**定價**／280元

獨立作家
Independent Author
寫自己的故事，唱自己的歌

日本與韓國僑教/徐榮崇, 金恩美編著. -- 一版.
-- 臺北市 : 獨立作家, 2025.05
面 ; 公分. -- (Do觀點 ; 77)
BOD版
ISBN 978-626-7565-16-2(平裝)

1.CST: 華僑教育 2.CST: 比較研究
3.CST: 日本 4.CST: 韓國

529.3 114002752

國家圖書館出版品預行編目